HORIZONTES

GRAMÁTICA PARA HISPANOHABLANTES

Graciela Ascarrunz-Gilman

K. Josu Bijuesca

Myriam Gonzales-Smith

University of California
Santa Barbara

Heinle & Heinle Publishers, Inc.
Boston, Massachusetts 02116 U.S.A.

I(T)P® *An International Thomson Publishing Company*

New York • London • Bonn • Boston • Detroit • Madrid • Melbourne • Mexico City • Paris
Singapore • Tokyo • Toronto • Washington • Albany NY • Belmont CA • Cincinnati OH

Page 2 "Aqueronte" from *El viento distante y otros relatos* (1969) © Ediciones Era, Mexico, D.F. Reprinted by permission of the author.

Page 54 "La casa nueva" from *Narrativa hispanoamericana 1816–1981*, vol. 6, © Siglo XXI Editores, Mexico, D.F. Reprinted by permission of the author.

Page 144 "El asesino y la víctima" from *Morir en sus brazos y otros cuentros* © Aguaclara, Alicante, Spain. Reprinted by permission of the author's agent, Raquel de la Concha.

Manufactured in the United States of America

ISBN: 0-8384-7605-8

10 9 8 7 6 5 4 3 2 1

Dedicamos este libro a:

Rob Gilman

Elisa Smith-Gonzales

Cristina Vessels

Marysol Smith-Gonzales

Michael Vessels

HORIZONTES

GRAMÁTICA PARA HISPANOHABLANTES

HORIZONTES

GRAMÁTICA PARA HISPANOHABLANTES

Contenido

Prefacio xiii

Estructura de *Horizontes:*
Gramática para hispanohablantes xv

SECCIÓN 1

Lectura introductoria

Presentación de la lectura 1
    Antes de leer 1
La lectura
    «Aqueronte» de José Emilio Pacheco 2
    Después de leer 3

Ortografía

Separación de las palabras en sílabas 5
    Actividades 1–4 6
La acentuación 9
    Actividades 5–7 10
El uso de *b* y *v* 12
    Actividades 8–9 13

Gramática

Los interrogativos 15
    Actividades 10–12 17
Las exclamaciones 19
    Actividades 13–14 19
Los sustantivos y los artículos 21
    Actividades 15–19 25
Los adjetivos calificativos 28
    Actividades 20–22 30
Los demostrativos 32
    Actividades 23–24 33
Los pronombres personales 35
El presente del indicativo 37
    Actividades 25–30 39
El futuro del indicativo 44
    Actividades 31–32 45

Un paso más

Algunas conjunciones coordinantes 49
    Actividades 33–34 50
Composición 52

SECCIÓN 2

Lectura introductoria

Presentación de la lectura 53
    Antes de leer 53
La lectura
    «La casa nueva» de Silvia Molina 54
    Después de leer 56

Ortografía

Las letras *c* (*ce, ci*), *s* y *z* 57
    Actividades 1–3 58
Las combinaciones *ca, que, qui, co* y *cu*, etc. 60
    Actividades 4–5 60

Gramática

Las comparaciones 63
    Actividades 6–8 65
Los superlativos 68
    Actividades 9–10 70
Las preposiciones *en* y *de* 71
    Actividad 11 72
El pretérito del indicativo 73
    Actividad 12 76
El imperfecto del indicativo 77
    Actividades 13–15 79
El verbo *hacer* en expresiones temporales 80
    Actividades 16–17 81
El presente perfecto y el pluscuamperfecto del indicativo 82
    Actividades 18–21 83
Los pronombres en función de complemento 86
    Actividades 22–25 88
Usos especiales del pronombre *se* 92
    Actividad 26 92

Un paso más

Algunas conjunciones subordinantes 93
    Actividades 27–28 94
Composición 95

SECCIÓN 3

Lectura introductoria

Presentación de la lectura 97
    Antes de leer 97
La lectura
    «El almohadón de pluma» de Horacio Quiroga 98
    Después de leer 100

Ortografía

Las letras *g* (*ge, gi*), y *j* 103
    Actividades 1–2 104
Las combinaciones *ga, gue, gui, go* y *gu* 105
    Actividad 3 106

Gramática

Las preposición *a* 107
    Actividades 4–6 108
El subjuntivo en cláusulas nominales 111
    Actividades 7–9 115
El subjuntivo en cláusulas adjetivales y adverbiales 117
    Actividades 10–12 119
El imperfecto del subjuntivo 121
    Actividades 13–15 123
Los adverbios 126
    Actividades 16–17 127
El condicional 129
    Actividades 18–21 130
El presente perfecto del subjuntivo 133
    Actividades 22–23 133
La voz pasiva 135
    Actividades 24–26 136

Un paso más

Palabras de transición 139
    Actividad 27 141
Composición 142

SECCIÓN 4

Lectura introductoria

Presentación de la lectura 143
    Antes de leer 143
La lectura
    «El asesino y la víctima» de Marina Mayoral 144
    Después de leer 149

Ortografía

El verbo *haber* 151
    Actividades 1–3 152
El uso de la letra *h* 155
    Actividad 4 156
Las letras *ll* e *y* 157
    Actividad 5 158

Gramática

El infinitivo 159
    Actividad 6 161
El imperativo 162
    Actividades 7–10 164
El gerundio 167
    Actividades 11–13 169
El futuro perfecto y el condicional perfecto 172
    Actividades 14–17 173
El pluscuamperfecto del subjuntivo 175
    Actividades 18–19 176
Los pronombres relativos 178
    Actividades 20–22 181
Los prefijos y los sufijos 183
    Actividades 23–33 184

Un paso más

La puntuación 191
    Actividades 34–35 192
Las letras mayúsculas y minúsculas 193
    Actividad 36 193
Composición 194

Prefacio

Este manual de trabajo que acompaña la tercera edición de *Horizontes*, se enfoca principalmente en la enseñanza del español para estudiantes bilingües cuya primera lengua es el español. Este es el caso de estudiantes universitarios que como usted, sienten la necesidad profesional de adquirir un mejor entendimiento del idioma materno. El resultado de una carrera universitaria se enriquece con el simple hecho de ser bilingüe, pero se enriquece aún más si usted como estudiante puede usar los dos idiomas a un nivel académico. En este manual usted encontrará respuestas a muchos aspectos gramaticales del español que suelen crear dificultades en los estudiantes hispanohablantes.

La doctora Graciela Ascarrunz-Gilman, autora del método *Horizontes*, y autora principal de este manual, falleció inesperadamente el veintiséis de mayo de 1996. Ella unía a su vasta experiencia en la adquisición de segundas lenguas un profundo interés profesional y personal por la enseñanza del español a los estudiantes bilingües de los Estados Unidos, como es el caso de usted. Sus últimos doce años, trabajó como Directora del Programa del *Lower Division Program* en la Universidad de Santa Bárbara, en California. Allí enseñaba metodología de la enseñanza del español, así como diferentes cursos de gramática avanzada de español para hispanohablantes. En estas últimas clases tuvo la oportunidad de familiarizarse con las características de los estudiantes bilingües, de analizar sus necesidades y de crear materiales pedagógicos innovadores diseñados exclusivamente para este tipo de estudiantado. En este manual de trabajo hemos continuado su labor en la implantación de un método que despierta el interés del estudiante poniendo en práctica aspectos gramaticales útiles para la redacción y la comprensión de lectura. Según la doctora Azcarrunz, la diversidad del español en los Estados Unidos es un aspecto cultural que enriquece la creatividad en cada estudiante. En una de sus conferencias sobre este tema ella concluyó diciendo «con estos ejercicios, ellos leen, escriben, inventan, conversan, crean, recrean, descubren posibilidades de comunicación: el lenguaje es de ellos». El libro que tiene usted entre manos es el fruto de toda esta experiencia.

Organización y contenido:

Este manual está dividido en cuatro grandes secciones. Todas ellas se componen de los apartados que describimos a continuación:

- *Lectura introductoria*. Se trata de un cuento o relato breve que resultará de su agrado, atraerá su atención y lo inclinará a la reflexión. Siempre trataremos de que usted pueda relacionar lo leído con algún aspecto de su experiencia vital. La lectura ofrecerá el contexto necesario para la presentación de los siguientes apartados cuyas actividades tendrán como referencia alguna de las situaciones planteadas en el texto introductorio. Cada lectura va acompañada de una introducción breve y de actividades de comprensión.

- *Ortografía*. En cada sección habrá dos o tres aspectos de la ortografía del español que plantean problemas al estudiante bilingüe, sobre todo si en su formación literaria ha dominado el inglés. En este apartado se incluirán las explicaciones con sus actividades correspondientes. Siempre que sea posible, las actividades estarán relacionadas con la lectura introductoria.

- *Gramática*. En cada sección se presentarán aproximadamente ocho aspectos de la gramática del español que le permitirán a usted familiarizarse con los usos del español estándar. En general, se trata de aspectos que funcionan dentro de los límites de la oración. También aquí las explicaciones van acompañadas de sus actividades correspondientes en las que se trata de recrear situaciones similares a las reales para provocar el uso del aspecto presentado. Siempre que sea posible, las actividades estarán relacionadas con la lectura introductoria.

- *Un paso más*. En cada sección se incluirá un último apartado dedicado más específicamente a las oraciones compuestas y las unidades superiores a la frase, como el párrafo y el texto completo. Además, este apartado contiene un ejercicio de composición. En las actividades anteriores usted habrá acumulado numerosas ideas y los medios lingüísticos para transmitirlas adecuadamente en la composición.

Conclusión

Aunque este manual sirve sobre todo para desarrollar las facultades de lectura y escritura, le animamos a usted y a sus compañeros(as) a participar en actividades orales, tales como presentaciones de casos reales que tengan alguna relación con los temas de las lecturas, debates sobre los mismos temas, mesas redondas, escenificaciones de las lecturas, etc. Las actividades que le exijan expresarse en español en situaciones para las que no utilizarían esta lengua en su experiencia cotidiana contribuyen en gran medida a la expansión del alcance de su español, a considerarlo al mismo nivel que el inglés y al reconocimiento de que es posible comunicarse en español más allá del contexto familiar.

Por otra parte, la descripción de este libro como «gramática» ha de entenderse en un sentido muy preciso: no se trata de que usted se convierta en especialista de la gramática española sino en usuario(a) de una lengua que le sirve para comunicarse a niveles más complejos que el de la intimidad familiar. Para ello dispondrá de explicaciones y de cuadros sinópticos en forma de *advanced organizers* que le permitirán comprender gráficamente cada aspecto gramatical considerado. Los complementos inseparables de los cuadros gramaticales son, por una parte, las lecturas introductorias, que ejemplifican y concretizan las explicaciones abstractas, y por otra, las actividades, en las que se recrean situaciones similares a las reales para que usted haga uso del contenido gramatical presentado. En vez de exigirle que escriba frases sueltas sin ninguna relación ni entre sí ni con una situación global, la mayoría de las actividades le ofrecerá un contexto extraído de la lectura introductoria que favorece la creatividad natural de los hablantes. Fomentar su creatividad es para los autores de este libro un propósito tan importante como el de la expansión del alcance de su español. Para ello hemos aprovechado muchos caminos inexplorados de las lecturas introductorias que usted podrá desbrozar libremente con su imaginación y sus palabras. Esperamos que sea de su agrado.

Estructura de *Horizontes:*
Gramática para hispanohablantes

	Sección 1	Sección 2	Sección 3	Sección 4
Lectura Introductoria	• «Aqueronte» de José Emilio Pacheco	• «La casa nueva» de Silvia Molina	• «El almohadón de pluma» de Horacio Quiroga	• «El asesino y la víctima» de Marina Mayoral
Ortografía	• Separación de las palabras en sílabas • La acentuación • El uso de **b** y **v**	• Las letras **c (ce, ci), s** y **z** • Las combinaciones **ca, que, qui, co** y **cu**	• Las letras g **(ge, gi)** y **j** • Las combinaciones **ga, gue, gui, go** y **gu**	• El verbo **haber** • El uso de la letra **h** • Las letras **ll** e **y**
Gramática	• Los interrogativos • Las exclamaciones • Los sustantivos y los artículos • Los adjetivos calificativos • Los demostrativos • Los pronombres personales • El presente del indicativo • El futuro del indicativo	• Las comparaciones • La preposición **de** • El pretérito del indicativo • El imperfecto del indicativo • El verbo **hacer** en expresiones temporales • El presente perfecto y el pluscuamperfecto del indicativo • Los pronombres en función de complemento • Usos especiales del pronombre **se**	• La preposición **a** • El subjuntivo en cláusulas nominales • El subjuntivo en cláusulas adjetivales y adverbiales • El imperfecto del subjuntivo • Los adverbios • El condicional • El presente perfecto del subjuntivo • La voz pasiva	• El infinitivo • El imperativo • El gerundio • El futuro perfecto y el condicional perfecto • El pluscuamperfecto del subjuntivo • Los pronombres relativos • Los prefijos y los sufijos
Un paso más	• Algunas conjunciones coordinantes • Composición	• Algunas conjunciones subordinantes • Composición	• Palabras de transición • Composición	• La puntuación. Las letras mayúsculas y minúsculas • Composición

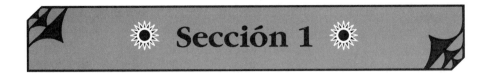

Lectura introductoria

Presentación de la lectura: «Aqueronte»

¿Sabía Ud. que... ?

El barquero Aqueronte (también conocido como Caronte) es un personaje de la mitología griega. Zeus lo echó a los infiernos, transformándolo en un río que también se llamó Aqueronte. El barquero pasaba en su barca las almas de los muertos que iban al mundo subterráneo. Como Aqueronte cobraba por el pasaje, la familia colocaba una moneda bajo la lengua del difunto antes de enterrarlo. Si no enterraban el cuerpo, Aqueronte no admitía el alma en su barca y la dejaba vagando en la orilla durante cien años.

En realidad, el relato que vamos a leer está ambientado en el siglo XX. Los personajes son jóvenes y modernos, como ustedes. La acción tiene lugar en un café, posiblemente en una gran ciudad. El autor, José Emilio Pacheco, también es contemporáneo y no procede de la antigua Grecia sino de México.

Antes de leer

Charle con un(a) compañero(a) de clase y respondan las siguientes preguntas:

1. ¿Le gusta ir solo(a) a tomar una bebida o un café? ¿Por qué?
2. ¿Adónde va cuando quiere tomar algo? ¿Adónde va cuando sale con sus amigos(as)?
3. ¿Le gusta fijarse en personas desconocidas cuando va a un establecimiento público como un restaurante, un café, etc.? ¿Por qué?
4. ¿Qué hace o qué dice cuando un(a) desconocido(a) se fija en usted? ¿Cómo se siente?
5. ¿Se ha atrevido alguna vez a hablarle a una persona que ha visto por primera vez en un lugar público? ¿Por qué?

✂ La lectura

Aqueronte

de José Emilio Pacheco

Son las cinco de la tarde, la lluvia ha cesado, bajo la húmeda luz el domingo parece vacío. La muchacha entra en el café. La observan dos parejas de edad madura, un padre con cuatro niños pequeños. Atraviesa rápida y tímidamente el salón, toma asiento en el extremo izquierdo. Por un instante se ve nada más la silueta a contraluz del brillo solar en los ventanales. Se aproxima el mesero, ella pide una limonada, saca un block de taquigrafía y se pone a escribir algo en sus páginas. De un altavoz se desprende música de fondo que no ahogue las conversaciones (de momento no hay conversaciones).

El mesero sirve la limonada, ella da las gracias, echa un poco de azúcar en el vaso alargado y la disuelve con la cucharilla de metal. Prueba el refresco agridulce, vuelve a concentrarse en lo que escribe con un bolígrafo de tinta roja. ¿Una carta, un poema, una tarea escolar, un diario, un cuento? Imposible saberlo, imposible saber por qué está sola en la ciudad de México ni tiene adónde ir en una tarde de domingo en mayo de 1966. Podría carecer también de edad: catorce, dieciocho, veinte años. La hacen muy atractiva la armoniosa fragilidad de su cuerpo, el largo pelo castaño, los ojos tenuemente rasgados. O un aire de inocencia y desamparo o la pesadumbre de quien guarda un secreto.

Un joven de su misma edad o acaso un poco mayor se sienta en un lugar de la terraza, aislada del salón por un ventanal. Llama al mesero y ordena un café. Luego observa el interior. Su mirada recorre sitios desiertos, grupos silenciosos. Por un instante se detiene en la muchacha. Al sentirse observada alza la vista y enseguida vuelve a bajar los ojos y a concentrarse en la escritura. El interior flota en la penumbra hasta que encienden la luz hiriente de gas neón. La grisura se disuelve en una falsa claridad.

Ella levanta la cabeza de nuevo. Sus miradas se encuentran. Agita la cucharilla para mezclar con el agua de limón el azúcar asentado en el fondo. Él prueba el café y se vuelve hacia la muchacha. Sonríe al ver que ella lo mira y luego baja la cabeza. Este mostrarse y ocultarse, este juego que parece divertirlos o exaltarlos se repite con leves variantes un cuarto de hora o veinte minutos. Por fin él la mira abiertamente y sonríe una vez más. Ella aún trata de esconder el deseo, o el miedo o el misterio que impide el natural acercamiento.

El cristal la refleja, copia sus actos, los duplica sin relieve ni hondura. La lluvia se desata de nuevo, el aire lleva el agua a la terraza. Cuando siente húmeda su ropa el joven da muestras de inquietud y ganas de marcharse. Entonces ella desprende una hoja del block, escribe unas líneas y mira ansiosamente al desconocido. Golpea el vaso con la cuchara. El mesero se acerca, escucha lo que le pide, lee unas cuantas palabras en la hoja y retrocede, gesticula, contesta indignado, se retira como quien opone un gesto altivo a la ofensa que acaba de recibir.

Los gritos del mesero han llamado la atención de todos los presentes. La muchacha enrojece y no sabe cómo ocultarse. El joven observa paralizado la escena inimaginable (el desenlace lógico era otro). Antes que él pueda intervenir, vencer la timidez que lo agobia cuando se encuentra a solas sin el apoyo, el estímulo, la mirada crítica de sus amigos, la muchacha se levanta, deja un billete sobre la mesa y sale del café.

Él la ve salir, se gueda inmóvil por un instante, luego reacciona y toca en el ventanal para pedir la cuenta. El mesero va hacia la caja registradora. El joven espera ansiosamente tres o cuatro minutos, recibe la nota, paga, sale al mundo en que se oscurece la lluvia. En la esquina donde las calles se bifurcan mira en vano hacia todas partes. El domingo termina. Cae la noche en la honda ciudad que ocultará por siempre a la muchacha.

Después de leer

Responda a las siguientes preguntas basándose en el relato «Aqueronte».

1. ¿Quiénes son los tres personajes principales de «Aqueronte»?

   _____

   _____

2. ¿Qué día de la semana tiene lugar la acción? ¿A qué hora?

   _____

   _____

3. ¿Qué edad tiene la muchacha? ¿Y el joven?

   _____

   _____

4. ¿Cómo es la muchacha?

   _____

   _____

5. ¿Por qué siente el joven ganas de marcharse?

   _____

   _____

6. ¿Por qué sale la muchacha del café?

   _____

   _____

7. ¿Qué no quiso hacer el mesero?

   _____

   _____

8. ¿Cómo reacciona el joven?

   _____

   _____

9. ¿Cuál es el personaje que más se parece al Aqueronte de la mitología griega? ¿Por qué?

   _____

   _____

10. Teniendo en cuenta el mito de Aqueronte, ¿qué pudo haber hecho la muchacha para que el mesero transmitiera su nota al joven?

   _____

   _____

Ortografía

✂ Separación de las palabras en sílabas

En esta sección vamos a repasar aspectos básicos de ortografía muy importantes en el momento de escribir.

En el alfabeto español hay cuatro letras más que en el inglés: **ch, ll**[1] , **ñ** y **rr**.

La sílaba puede consistir en:

a. una sola vocal (**a** - bri - go, **e** - ne - ro, le - **a** - mos)

b. una vocal y una consonante (**al** - to, **Es** - pa - ña)

c. una o más consonantes y una vocal (**pro** - **gre** - **so**, a - **le** - gre)

d. una o más consonantes y dos vocales que forman un diptongo (**cien**, **pien** - sas, **bai** - la - mos)

A. LAS CONSONANTES

1. Una consonante entre dos vocales se une a la vocal siguiente (**ch, ll** y **rr** forman una sola consonante).

e - **ne** - ro	za - **pa** - to	pe - **chu** - ga
ca - **lles**	fe - **rro** - ca - **rril**	

2. Dos consonantes juntas generalmente se separan.

co - **men** - zar	al - **mor** - zar	tiem - **po**
per - so - na	ac - **ción**	

3. No se separan los grupos de consonantes **b, c, f, g, p** seguidas de **l** o **r** y los grupos **dr** y **tr**.

a - **bri** - go	a - **pren** - der
ha - **blar**	a - **gra** - da - **ble**

Una manera de recordar estos grupos es combinándolos en una sigla. POR EJEMPLO:
B. C. F. P. G. = Bill Clinton's First Private Guard

```
      |    |    |    |    |
    B.  C.  F.  P.  G.  +  dr   tr
      r    r    r    r    r
```

---

[1] En los últimos años varias instituciones de la lengua española eliminaron las letras **ch** y **ll**. Sin embargo, para la separación de sílabas y para la acentuación se las debe seguir considerando como letras del alfabeto.

4. Si hay tres o más consonantes entre dos vocales, sólo la última consonante se une a la vocal siguiente, a menos que la última consonante sea
l o **r.**

ins - **pi** - ra - ción	cons - ti - tuir	ins - tan - te
PERO:	abs - **trac** - to	ex - **pli** - ca - ción

B. LAS VOCALES

En español hay cinco vocales: **a, e, i, o, u.**

1. El hiato es la combinación de dos vocales abiertas (**a, e, o**). Las vocales
abiertas se separan.

le - **e** - mos	em - ple - **a** - do	ma - **es** - tro

2. El diptongo es la combinación de dos vocales cerradas (**i, u**) o una
abierta y una cerrada. Los diptongos no se separan.

es - **cue** - la	**Lui** - sa
siem - pre	no - **via**

ACTIVIDAD 1

*Escriba dos palabras que Ud. conozca y que sean diferentes a los ejemplos ya
dados en cada caso de la explicación sobre la separación de sílabas.*

1. Una consonante entre dos vocales

   _____   _____

2. Dos consonantes juntas

   _____   _____

3. Grupos de consonantes que no se separan

   _____   _____

4. Tres o más consonantes entre dos vocales

   _____   _____

5. Vocales en hiato

   _____   _____

6. Vocales en diptongo

   _____   _____

ACTIVIDAD 2

En el relato «Aqueronte» de José Emilio Pacheco, Ud. encontrará las siguientes palabras que pertenecen a los grupos silábicos de consonantes que no se separan. Divida estas palabras en sílabas.

atraviesa	extrema	contraluz	aproxima
_____	_____	_____	_____
taquigrafía	escribir	desprende	gracias
_____	_____	_____	_____
agridulce	concentrarse	imposible	plena
_____	_____	_____	_____
podría	atractiva	fragilidad	retrae
_____	_____	_____	_____
escritura	flota	prueba	mostrarse
_____	_____	_____	_____
trata	refleja	duplica	retrocede
_____	_____	_____	_____

ACTIVIDAD 3

Prepare una lista de diez palabras del relato «Aqueronte». Divida las palabras en sílabas, mézclelas y, siguiendo el modelo, ordénelas en columnas. Presente su «ensalada de sílabas» a un grupo de estudiantes y pídales que formen el mayor número de palabras. Ponga atención a los grupos de consonantes que no se separan.

MODELO: Con los grupos de sílabas de las tres columnas, forme el mayor número de palabras posible.

I	MAR	SES
ES	TA	GO
AR	FER	MO
IN	DIO	TA
PLAN	CLA	DO
EN	TIS	TUA
A	CHA	RAR
	BRI	
	GLE	

POR EJEMPLO: EN - FER - MO, IN - GLE - SES, PLAN - CHA - DO, I - DIO - TA,
PLAN - CHA, ES - TA - TUA, AR - TIS - TA, A - CLA - RAR,
A - BRI - GO, A - MAR - GO, IN - DIO, etc.

Ortografía   **7**

ACTIVIDAD 4

Con un(a) compañero(a) de clase preparen un poema, un crucigrama o una sigla que les recuerde los grupos de consonantes que no se dividen. Recuerden que el diccionario puede ser de gran ayuda.

_____

_____

_____

_____

_____

_____

_____

_____

_____

_____

_____

_____

_____

_____

_____

_____

_____

_____

_____

_____

_____

_____

_____

_____

_____

_____

_____

_____

La acentuación

Los acentos o tildes son una parte importante de la ortografía en español, ya que indican cómo se pronuncian las palabras. Las siguientes reglas generales le ayudarán a usar los acentos correctamente.

A. REGLAS GENERALES

1. En cada palabra hay una sílaba que se pronuncia con mayor fuerza. Es la sílaba tónica.

   per - **so** - na   re - **cuer** - do   u - ni - ver - si - **dad**

2. Si la palabra termina en consonante, menos **n** y **s**, el acento tónico cae en forma natural en la última sílaba.

   pre - gun - **tar**   ciu - **dad**   fe - **liz**

3. Si una palabra termina en vocal (**a, e, i, o, u**) o en consonante **n** o **s**, el acento tónico cae en forma natural en la penúltima sílaba.

   man - **ña** - na   **ha** - blan   **co** - ches

4. Las palabras que se pronuncian de acuerdo a las dos formas naturales (A2 y A3) no llevan acento ortográfico. Todas las palabras que no se pronuncian de acuerdo a esta norma llevan acento ortográfico (tilde) sobre la vocal de la sílaba acentuada.

	Última sílaba (= palabra aguda)	**Penúltima sílaba** (= palabra llana o grave)	**Antepenúltima sílaba u otra sílaba anterior** (= palabra esdrújula o sobreesdrújula)
Sin tilde (reglas A2 y A3)	hos - pi - **tal** re - **loj** pa - **red**	**ca** - sa pre - **gun** - tan Gon - **za** - les	
Con tilde (excepciones a las reglas A2 y A3)	ca - **fé** co - lec - **ción** sa - lu - da - **rás**	**ár** - bol ca - **rác** - ter Gon - **zá** - lez	**pá** - ja - ro es - **pé** - ra - me **miér** - co - les **dí** - ga - se - lo

B. ALGUNAS EXCEPCIONES

1. Las palabras de una sílaba (monosilábicas), por norma general, no llevan acento. Sin embargo, en algunos casos se usa el acento ortográfico para indicar una diferencia de significado entre dos palabras que se pronuncian de la misma manera.

---

artículo definido	**el**	**él**	pronombre de la tercera persona singular
preposición	**de**	**dé**	modo imperativo formal del verbo **dar**
adjetivo posesivo	**mi**	**mí**	pronombre preposicional
adjetivo posesivo	**tu**	**tú**	pronombre personal
pronombre	**te**	**té**	*tea*, **bebida**
pronombre	**se**	**sé**	primera persona del indicativo del verbo **saber**
if traduce a	**si**	**sí**	*yes*, afirmación
adjetivo *alone*	**solo**	**sólo**	(**solamente**) adverbio *only*

2. Las palabras interrogativas y exclamativas llevan acento ortográfico en la sílaba acentuada.

¿**Qué** hora es?   ¿**Cómo** estás?   ¡**Cuánto** la quería!

C. ACENTUACIÓN DE DIPTONGOS Y DE HIATOS

1. Si la sílaba tónica tiene un diptongo, el acento ortográfico se coloca sobre la vocal abierta (**a**, **e**, **o**).

tam - **bién**   des - **piér** - ten - se

2. Si las dos vocales son cerradas, el acento se coloca sobre la segunda vocal del diptongo.

cuí - da - te   cons - **truí**

3. A veces, en un grupo formado por una vocal abierta (**a**, **e**, **o**) y una cerrada (**i**, **u**) es la vocal cerrada la que lleva el acento. En este caso, las dos vocales no forman diptongo sino hiato y la vocal cerrada lleva tilde.

te - o - **rí** - a   geo - lo - **gí** - a   ca - pi - **cú** - a

ACTIVIDAD 5

A. Subraye la sílaba tónica en cada palabra y póngale acento escrito, si lo necesita.

dedo	pluma	raton	detras	aereo
baston	miras	ademas	ultimo	teoria
metodo	exito	asi	adios	despues
pared	periodico	feliz	gallina	republica
papel	tio	Peru	ceramica	Rosalia

B. Escoja diez palabras del ejercicio anterior y escriba una oración con cada una.

1. _____

2. _____

3. _____

4. _____

5. _____

6. _____

7. _____

8. _____

9. _____

10. _____

ACTIVIDAD 6

Ponga los acentos donde corresponda en estas oraciones.

1. El prueba el cafe demasiado caliente.
2. Es inutil buscarla porque ella ya no esta.
3. ¡Que profunda es la mirada entre ellos dos!
4. Todavia no fui al rio para pescar.
5. El sabado yo te vi pero tu no me viste.
6. El cafe de Joaquin no abrira al dia siguiente.
7. El mesero Jose Gonzalez pone nervioso a todos los presentes.
8. El muchacho se dio por vencido y decidio no buscarla.

ACTIVIDAD 7

Basándose en el relato «Aqueronte», imagínese y escriba la nota que la muchacha escribió al muchacho.

_____

_____

_____

_____

_____

_____

_____

_____

_____

_____

_____

Ortografía   **11**

El uso de *b* y *v*

En español la letras **b** y **v** se pronuncian igual. Esto hace que a veces al estudiante se confunda al escribir. La siguiente información le ayudará en su escritura.

A. EL USO DE LA *B*

1. Muchas palabras que en inglés llevan la letra **b** la llevan también en español.

   proba**b**le *(proba**b**le)*   distri**b**uir *(to distri**b**ute)*
   responsa**b**le *(responsi**b**le)*   o**b**ligación *(o**b**ligation)*
   brillante *(**b**rilliant, **b**right)*   cola**b**orar *(to colla**b**orate)*

2. **mb:** La letra **b** siempre sigue a la letra **m** (**mb**).

   El ho**mb**re ca**mb**ia de costu**mb**res.

3. **-bir:** Todas las formas de los verbos que terminan en **-bir,** como **escribir** y **recibir,** se escriben con **b,** menos **hervir, servir** y **vivir.**

4. **bl** y **br:** Se usa la **b** al combinar las consonantes **bl** y **br.**

   Me ha**bl**ó de una **bl**usa **bl**anca.

   Al a**br**irse la puerta, apareció Tatiana con el a**br**igo de piel **br**illante en el **br**azo.

5. **bu, bur, bus:** Use la **b** cuando se formen las sílabas **bu, bur** o **bus.**

   Estamos a**bu**rridos de los dibujos **bur**gueses. **Bus**camos obras que muestren los a**bu**sos de la **bu**rocracia.

B. EL USO DE LA *V*

1. **nv:** La **v** siempre sigue a la letra **n** (**nv**).

   Este i**nv**ierno en el co**nv**ento e**nv**enenaron a una religiosa.

2. **div:** Se usa la **v** después de la sílaba **di** (**di-v**), menos en la palabra **dibujo.**

   Fue una comedia muy **div**ertida sobre una pareja que se **div**orcia y pide la **div**isión de los hijos. Me pareció **div**ina.

3. **pre, pri, pro:** La **v** siempre sigue a las sílabas **pre, pri** y **pro,** menos en las palabras **probar** y **probable.**

   En **priv**ado me **prev**ino sobre nuestros **priv**ilegios que podrían **prov**ocar problemas.

4. **-uve** y **-uviera:** Se usa la **v** en las formas verbales que terminan en **-uve** (**-uviste, -uvo,** etc.) y **-uviera** (**-uvieras, uviera,** etc.), excepto con el verbo **haber** (**hubo, hubieras** ido).

   Est**uve** muy triste.

   T**uv**imos que salir temprano.

5. Use la **v** en las formas del verbo **ir** que empiezan con el sonido /**b**-/ pero no cuando /-**b**-/ está en posición media (í**b**amos).

   ¿**V**as de compras?

   Vaya a verme a mi oficina.

ACTIVIDAD 8

Conteste las preguntas basadas en el relato «Aqueronte» y luego complete el crucigrama.

HORIZONTALES

1. ¿Para qué hace girar la cucharilla la muchacha?

   Para _____ el azúcar.

2. Sinónimo de **cruzar**

   _____

3. ¿Qué hacen las parejas cuando la muchacha se sienta?

   la _____

4. ¿Qué humedece la ropa del muchacho?

   la _____

5. El antónimo o lo contrario de **lleno**

   _____

6. ¿Qué hace la muchacha con el refresco agridulce?

   lo _____

VERTICALES

7. ¿Quién se sienta en un lugar de la terraza?

   el _____

8. ¿Qué pretendía no ahogar la música de fondo ?

   las _____

9. ¿Qué golpea la muchacha con la cuchara?

   el _____

10. Sinónimo de **regresar**

    _____

ACTIVIDAD 9

¿Quién puede terminar más rápido? Con un(a) compañero(a) de clase o en grupo llenen este cuadro. El que termine primero gana.

	Palabras que empiezan con *b*	**Palabras que empiezan con *v***
Nombre de persona		
Animal		
Deporte		
País		
Objeto		

Gramática

⚜ Los interrogativos

A. INTERROGATIVOS MÁS COMUNES

Las siguientes son las palabras o frases que se utilizan más a menudo para solicitar información.

¿Cómo?	*How?*	—**¿Cómo** te llamas? —Me llamo Rosabel Argote.
¿Cuál? ¿Cuáles?	*Which one(s)?* *What?*	—**¿Cuál** es tu nacionalidad? —Soy española. Soy de Madrid.
¿Cuánto? ¿Cuánta? **¿Cuántos? ¿Cuántas?**	*How much?* *How many?*	—**¿Cuántos** años tienes? —Tengo 22 años.
¿Cuándo?	*When?*	—**¿Cuándo** naciste? —Nací el 26 de marzo.
¿Quién? ¿Quiénes?	*Who?*	—**¿Quiénes** son tus padres? —José Mari Argote e Isabel Vea.
¿De dónde?	*Where from?*	—**¿De dónde** son? —Mi padre es de Bilbao y mi madre de Madrid.
¿Dónde?	*Where?*	—**¿Dónde** viven ahora? —En Vitoria.
¿Adónde?	*Where to?*	—**¿Adónde** vas de viaje? —A California.
¿Qué?	*What? Which?*	—**¿Qué** documentos llevas? —Mi pasaporte, la tarjeta de identidad y el carnet de conducir.
¿Por qué?	*Why?*	—**¿Por qué**[2] deseas ir a California? —Porque quiero ser periodista.
¿Para qué?	*Why?* *For what reason?*	—**¿Para qué?** —Para escribir sobre el mundo americano.

Una oración declarativa implica a veces una pregunta. En estos casos hay que usar la palabra interrogativa con acento.

No sé **quién** es el director de la película *Asesinos*.

Me pregunto **por qué** Antonio Banderas trabaja en el cine norteamericano.

---

[2] **¿Por qué?** (*Why*) como pregunta se escribe en dos palabras y lleva el acento escrito en **qué**. **Porque** (*Because*) como respuesta se escribe en una sola palabra y no lleva acento ortográfico.

Gramática   **15**

B. ¿QUÉ? VS. ¿CUÁL(-ES)?

Con el verbo **ser** el pronombre interrogativo ¿**Qué**? se emplea para pedir definiciones. ¿**Cuál**? se usa para seleccionar uno entre varios.

¿**Qué**?: *Definición o explicación*	¿**Cuál(-es)**?: *Selección*
¿**Qué** es el amor para ti? ¿**Qué** quieres hacer esta noche?	¿**Cuál** es el país que más te gusta? En tu opinión, ¿**cuáles** son las mejores películas de este año?

Como adjetivo interrogativo (es decir, cuando precede a un sustantivo), se prefiere el uso de ¿**Qué**?, aun cuando el sentido sea de selección.

> ¿**Qué...** ? *como adjetivo*
>
> ¿**Qué** pregunta me hiciste?
> ¿**Qué** carrera sigues?
> ¿**Qué** país te gusta más?

C. ALGUNAS EXPRESIONES INTERROGATIVAS

¿**Qué hora es?**	*What time is it?*	—¿**Qué hora es?** —Son las diez menos cuarto.
¿**A qué hora... ?**	*At what time…?*	—¿**A qué hora** comienza tu clase? —A las diez en punto.
¿**Cuántos años tiene(s)?** ¿**Qué edad tiene(s)?**	*How old are you?*	—¿**Qué edad tienes?** —Tengo dieciocho años.
¿**De qué color es (son)... ?**	*What color is (are)…?*	—¿**De qué color es** tu coche? —Es verde.
¿**Cuánto cuesta... ?**	*How much is…?*	—¿**Cuánto cuesta** el boleto? —Quince dólares.
¿**Cuánto tarda... ?**	*How long does it take…?*	—¿**Cuánto tarda** el autobús de Los Ángeles a Santa Bárbara? —Dos horas.

ACTIVIDAD 10

La muchacha de «Aqueronte» habla con una amiga unos días después del incidente en el café. Aquí tenemos las respuestas de la muchacha pero no las preguntas de su amiga.

Complete el diálogo haciendo las preguntas correspondientes. Cada interrogativo de esta lista debe usarse una sola vez.

Cómo	Cuánto(s)	Quién	Dónde	Adónde
Qué	Por qué	Para qué	Cuándo	A qué hora

—El domingo pasado vi a un joven que me dejó flechada.

1. —¿_____?

—La verdad, no sé quién era aquel joven.

2. —¿_____?

—Tampoco sé su nombre.

3. —¿_____?

—Creo que tiene mi misma edad.

4. —¿_____?

—Lo vi en un café del centro.

5. —¿_____?

—Lo vi por primera vez cuando se sentó en la terraza del café.

6. —¿_____?

—Ordenó un café.

7. —¿_____?

—El mesero se enojó porque le pedí que le llevara una nota al joven.

8. —¿_____?

—Todo esto pasó a las cinco de la tarde, aproximadamente.

9. —¿_____?

—Fui al café para trabajar en mis tareas de clase.

10. —¿_____?

—Después del incidente me fui corriendo a mi casa. Era el único lugar adonde podía ir.

11. —¿_____?

ACTIVIDAD 11

*Como Ud. pudo comprobar, en el relato «Aqueronte» de José Emilio Pacheco lee-
mos constantemente las palabras del narrador, pero nunca las palabras de los
personajes: no hay ningún diálogo.*

*¿Por qué no inventa Ud. un diálogo entre dos personajes del relato? Para ello
elija alguna de las situaciones en que necesariamente dos personajes tienen que
hablar entre sí e imagine lo que dirían. No se olvide de utilizar las palabras interrogativas y sus acentos. Además, recuerde que en español se necesitan los signos de interrogación al comienzo y al final de la pregunta.*

_____

_____

_____

_____

_____

_____

_____

_____

_____

_____

ACTIVIDAD 12

*Los interrogativos no van siempre en una pregunta directa. A veces están
camuflados en oraciones enunciativas. Por ejemplo: el joven protagonista de
«Aqueronte» se pregunta **cómo** se llama la muchacha a la que está mirando; la
muchacha no sabe **quién** es el joven que la está mirando.*

*Ahora escriba Ud. cinco oraciones en que imagine qué se preguntan, qué saben
o qué no saben los jóvenes protagonistas de «Aqueronte». No se olvide de ponerles
acentos a las palabras interrogativas.*

_____

_____

_____

_____

_____

_____

_____

_____

_____

Las exclamaciones

Los siguientes interrogativos se usan para formar frases exclamativas:

¡Qué! *What a(n)...! How...!*

   ¡Qué lástima!

   ¡Qué idea más interesante!

   ¡Qué horror!

   ¡Qué horrible!

   ¡Qué aburrido!

   ¡Qué sueño tengo!

   ¡Qué bonito!

   ¡Qué bueno!

   ¡Qué hermoso!

¡Cómo! *How...! (in what manner)*

   ¡Cómo llueve!

   ¡Cómo se divierte Arturo!

¡Cuánto(-a, -os, -as)! *How much...! (to what extent)*
How many...! (quantity)

   ¡Cuánto siento tu partida (*departure*)!

   ¡Cuánto dinero tiene!

   ¡Cuántas preguntas al mismo tiempo!

   ¡Cuánto ruido!

   ¡Cuánto jaleo!

   ¡Cuánta gente!

ACTIVIDAD 13

¿Qué piensa la muchacha de «Aqueronte» cuando se da cuenta de que el joven la está observando? Llene los espacios en blanco con el interrogativo correspondiente según el contexto. Tenga en cuenta que en algunos casos puede haber más de una posibilidad correcta.

Qué   Cómo   Cuánto(a/os/as)

¡_____ muchacho tan simpático! ¡_____ viste y _____ guapo

es! ¡Ojalá quiera charlar conmigo! ¡_____ ganas tengo de hablar con él!

¡_____ me gustaría conocerlo!

ACTIVIDAD 14

¿Recuerda la escena de «Aqueronte» en que el mesero se enoja con la muchacha? Ella se siente avergonzada y decide marcharse mientras las personas que están en las mesas cercanas murmuran sobre el incidente.

Ahora imagine Ud. cuál sería la reacción de un pareja que siente mucha pena por la joven. Escriba un diálogo con muchas preguntas y exclamaciones. No se olvide de poner los acentos a los interrogativos.

_____

_____

_____

_____

_____

_____

_____

_____

_____

_____

_____

_____

_____

_____

_____

_____

_____

_____

_____

_____

_____

_____

_____

_____

_____

_____

Los sustantivos y los artículos

Los sustantivos se clasifican en masculinos y femeninos. Los sustantivos masculinos llevan el artículo definido/indefinido **el/un** (**los/unos**) y los sustantivos femeninos llevan el artículo definido/indefinido **la/una** (**las/unas**).

A. EL GÉNERO DE LOS SUSTANTIVOS

Generalmente los sustantivos que terminan en **-o**, **-al**, **-or**, **-ente** y **-ante** son masculinos.

-o	-al	-or	-ente, -ante
el pelo	el animal	el color	el accidente
el domicilio	el hospital	el amor	el presente
el nacimiento	el carnaval	el calor	el diamante
Algunas excepciones			
la mano	la catedral	la labor	la gente
	la señal	la flor	la corriente
			la serpiente

Los sustantivos que terminan en **-a**, **-ión**, (**-ción**, **-sión**), **-umbre**, **-ie**, **-d** (**-dad**, **-tad**, **-ud**) y **-z** generalmente son femeninos.

-a	-ión	-umbre
la fecha	la canción	la costumbre
la entrevista	la situación	la incertidumbre
la cara	la ilusión	la muchedumbre
-ie	**-d**	**-z**
la serie	la ciudad	la luz
la especie	la amistad	la paz
	la actitud	la rapidez
Algunas excepciones		
el día, el tranvía, el mapa, el avión, el lápiz y varias palabras que terminan en **-ma**; el sistema, el problema, el clima, el tema, el programa, el idioma, el drama		

Los sustantivos que terminan en **-ista** son masculinos o femeninos, según el sexo de las personas.

Masculino	Feminino
el period**ista**	la period**ista**
el tur**ista**	la tur**ista**
el art**ista**	la art**ista**

Gramática   **21**

B. EL PLURAL DE LOS SUSTANTIVOS

Si el sustantivo termina en vocal, se añade -s[3].

Singular	Plural
la mano	las manos
el pie	los pies
la hora	las horas

Si el sustantivo termina en consonante se añade **-es**.

Singular	Plural
la ocasión	las ocasiones[4]
el papel	los papeles
la vez	las veces[5]
el joven	los jóvenes[6]

Si el sustantivo es de más de una sílaba y termina en **-s**, la forma plural no cambia.

Singular	Plural
el lunes	los lunes
el tocadiscos	los tocadiscos
el paraguas	los paraguas

C. EL ARTÍCULO DEFINIDO

Formas del artículo definido

1. En español hay cuatro formas del artículo definido. El artículo precede al sustantivo y, por lo general, tiene el mismo número y género del sustantivo.

Formas del artículo definido		
	singular	*plural*
masculino	**el** actor	**los** actores
femenino	**la** pregunta	**las** preguntas

---

[3] Algunas palabras que terminan en **-í** forman el plural con **-es**: el rubí > los rubíes; el ají > los ajíes.
[4] Con el aumento de una sílaba, el acento escrito no es necesario.
[5] **z** cambia a **c** delante de **e**.
[6] Con el aumento de una sílaba, el acento escrito es necesario.

---

2. Sin embargo, se emplea **el** (artículo masculino singular) delante de sustantivos femeninos que comienzan con **a-** o **ha-** acentuada para facilitar la pronunciación.

>Mi madre tiene **el a**lma bondadosa.
>**El a**gua de la piscina está fría.
>**El ha**da madrina es un ser fantástico que tiene poderes mágicos.

PERO:

>**Las** aguas del río Amazonas son claras.

3. Cuando **el** sigue a la preposición **a** o **de**, la contracción es necesaria.

>a + el = **al**   Vamos **al** cine.
>de + el = **del** Vuelven **del** mercado.

Usos del artículo definido

1. El artículo definido es más frecuente en español que en inglés. Sirve para indicar:

   a. una persona o cosa específica.

   >**El** periodista desea hablar con Ud.
   >**La** película de Marcos Sánchez es buena.

   b. algo genérico o abstracto.

   >Queremos **la** libertad.
   >**El** motociclismo es un deporte peligroso.

2. También se usa el artículo definido:

   a. delante de los nombres o títulos cuando se habla **de** la persona y no **a** la persona (excepto con **don** y **doña** que nunca llevan artículo).

   >**La** señora Ortega llega el viernes.
   >Hoy viaja al Japón **el** rey Juan Carlos.

   PERO:

   >Buenas tardes, señor Marcos.
   >Don Luis me llamó anoche.

   b. con los nombres de algunos países (sin embargo, la tendencia hoy es de no usar el artículo).

   >Viví en (**el**) Perú dos años.
   >Piensa viajar a (**los**) Estados Unidos.

   c. con los nombres de personas y de países cuando están modificados.

   >**La** pobre María está enferma.
   >**La** España de hoy atrae a los turistas.

    d. delante de las partes del cuerpo y la ropa en lugar del adjetivo posesivo.

        Lávate **los** pies.

        Se pusieron **el** abrigo.[7]

        Los niños levantaron **la** mano.

    e. con los días de la semana y las estaciones del año (se omite después del verbo **ser** para identificar el día de la semana).

        Voy de compras **los** sábados.

        El concierto es **el** domingo.

    PERO:

        Hoy es lunes.

    f. con las fechas y las horas.

        Hoy es **el** tres de mayo.

        Son **las** cinco y veinte.

    g. con los nombres de idiomas (se omite después de los verbos **hablar**, **aprender**, **estudiar, enseñar** y **entender**).

        El inglés es muy popular.

        Me gusta **el** portugués.

    PERO:

        Habla español y catalán.

D. EL ARTÍCULO INDEFINIDO

Formas del artículo indefinido

Al igual que el artículo definido, el artículo indefinido modifica y precede al sustantivo, y debe tener el mismo género y número.

Formas del artículo indefinido		
	singular	*plural*
masculino	un coche	unos coches
femenino	una casa	unas casas

Usos del artículo indefinido

1. El artículo indefinido singular (**un/una**) corresponde al inglés *a/an*.

        Tengo **un** coche excelente.

---

[7] Se usa el singular del objeto aun cuando la acción sea de dos o más personas: Se pusieron **el** abrigo. PERO: Se pusieron **los** guantes.

2. El artículo indefinido plural (**unos/unas**) corresponde al inglés *some/a few* y generalmente se omite.

> Tenemos (**unos**) amigos muy buenos.

3. El artículo indefinido se omite:

a. después del verbo **ser** con nombres que indican profesión, religión o nacionalidad, excepto cuando están modificados.

> Ese señor no es abogado.
> ¿Es argentina María Elena?
> Mi padre es mecánico.

Pero:

> Es **un** buen mecánico.
> Ella es **una** pianista famosa.

b. con los verbos **tener**, **llevar** y **hay** cuando no expresan cantidad, especialmente en frases negativas.

> ¿Tienes coche?
> Hace frío y no llevas abrigo.
> Para mañana no hay tarea.

c. con las palabras **otro** (*another*), **medio** (*half*), **cien**(to), **mil** y ¡**Qué**...!

> Me compré otro vestido.
> Quiero media libra de azúcar.
> Pagó sólo cien dólares por el abrigo, pero vale más de mil.
> ¡Qué casa más bonita!

ACTIVIDAD 15

*Escriba el artículo definido e indefinido masculino (**el/un**) o femenino (**la/una**) delante de los siguientes sustantivos tomados de «Aqueronte» para indicar su género. Si no está seguro(a), consulte el diccionario.*

Modelo: __la__ / __una__ tarde

____/____ tarde	____/____ café	____/____ instante
____/____ lluvia	____/____ edad	____/____ ventanal
____/____ luz	____/____ salón	____/____ altavoz
____/____ domingo	____/____ asiento	____/____ conversación
____/____ azúcar	____/____ metal	____/____ carta
____/____ poema	____/____ fragilidad	____/____ aire
____/____ pesadumbre	____/____ lugar	____/____ interior
____/____ claridad	____/____ variante	____/____ hora
____/____ ciudad	____/____ cristal	____/____ calle
____/____ inquietud	____/____ contestación	____/____ altivez
____/____ atención	____/____ escena	____/____ desenlace
____/____ billete	____/____ minuto	____/____ anochecer

ACTIVIDAD 16

Ahora ponga todos los sustantivos de la actividad anterior en plural. Ponga especial atención a las palabras que terminan en consonante, sobre todo a las que terminan en -z. Recuerde también que tal vez tenga que cambiar algunas tildes (acentos escritos).

MODELO: tarde → **tardes** _____

tarde _____	café _____	instante _____
lluvia _____	edad _____	ventanal _____
luz _____	salón _____	altavoz _____
domingo _____	asiento _____	conversación _____
azúcar _____	metal _____	carta _____
poema _____	fragilidad _____	aire _____
pesadumbre _____	lugar _____	interior _____
claridad _____	variante _____	hora _____
ciudad _____	cristal _____	calle _____
inquietud _____	contestación _____	altivez _____
atención _____	escena _____	desenlace _____
billete _____	minuto _____	anochecer _____

ACTIVIDAD 17

*En «Aqueronte» leímos la frase «el aire lleva el agua a la terraza». El género que corresponde a la palabra **agua** es el femenino (agua clara, agua sucia) pero, por razones fonéticas, usamos el artículo masculino cuando está en singular (**el** agua sucia) y el femenino cuando está en plural (**las** aguas cristalinas). Esta regla es válida sólo para las palabras de género femenino que comienzan con una **a-** o **ha-** acentuada (como **agua**, **águila**, etc.). Las palabras que comienzan con **a-** o **ha-** sin acento (como **agujero** o **hastío**) toman el artículo que les corresponde (**el** agujero, **los** agujeros).*

*A continuación hay una lista de palabras a las que usted debe añadir el artículo definido singular (**el/la**) y plural (**los/las**). Primero piense si se trata de una palabra masculina o femenina y, en caso de que sea femenina, compruebe si la **a-** o **ha-** inicial lleva acento o no.*

MODELO: **la** / **las** hacienda(s)

___/___ águila(s)	___/___ aire(s)	___/___ aguja(s)
___/___ halcón(es)	___/___ ala(s)	___/___ abrigo(s)
___/___ aparato(s)	___/___ haba(s)	___/___ hábito(s)

ACTIVIDAD 18

Escriba el artículo definido correspondiente sólo si es necesario. Recuerde las siguientes reglas: **a + el = al; de + el = del.**

Hoy es _____ domingo y son _____ cinco de _____ tarde. _____ señorita García va _____ café que está en la esquina de su calle, como hace todos _____ domingos. Allí se quita _____ abrigo y lo deja en un extremo de _____ asiento. Cuando llega el mesero, le pregunta a _____ señorita García: «Buenos días, _____ señorita García. ¿Qué desea tomar hoy?». Y la señorita responde a _____ mesero: «Una limonada, por favor». _____ pobre señorita García no sabe que el mesero está de mal humor.

ACTIVIDAD 19

Escriba el artículo indefinido correspondiente sólo si es necesario.

El señor Domínguez es _____ mesero pero no es _____ buen mesero. El señor Domínguez tiene _____ mal carácter y a veces se enoja con los clientes. El propietario del café está considerando la posibilidad de contratar a _____ otro mesero que sea amable y atento con todos los clientes. La esposa del dueño tiene _____ amiga que podría ser _____ gran mesera. Por culpa del señor Domínguez casi no hay _____ clientes en el café. ¡Qué _____ desastre de mesero es el señor Domínguez!

Los adjetivos calificativos

Los adjetivos calificativos describen personas, animales o cosas. Los adjetivos concuerdan en género y número con el sustantivo que modifican.

el baile **popular**	los bailes **populares**
la residencia **universitaria**	las residencias **universitarias**
un muchacho **simpático**	unos muchachos **simpáticos**
una universidad **pequeña**	unas universidades **pequeñas**

A. LAS FORMAS DE LOS ADJETIVOS CALIFICATIVOS

1. Los adjetivos que terminan en -o(a)

Singular		Plural	
masculino	*femenino*	*masculino*	*femenino*
roj**o**	roj**a**	roj**os**	roj**as**
american**o**	american**a**	american**os**	american**as**

2. Los adjetivos que terminan en **-dor(a)**, **-ol(a)**, **-uz(a)** y los adjetivos de nacionalidad que terminan en consonante

Singular		Plural	
masculino	*femenino*	*masculino*	*femenino*
trabajador	trabajador**a**	trabajador**es**	trabajador**as**
español	español**a**	español**es**	español**as**
andaluz	andaluz**a**	andaluc**es**[8]	andaluz**as**
alemán	aleman**a**	aleman**es**	aleman**as**

3. Todos los otros adjetivos

Singular		Plural	
masculino	*femenino*	*masculino*	*femenino*
importante	importante	importante**s**	importante**s**
difícil	difícil	difícil**es**	difícil**es**

---

[8] Recuerde que **z** cambia a **c** delante de **e**.

B. LA POSICIÓN DE LOS ADJETIVOS CALIFICATIVOS

Como norma general, los adjetivos calificativos se colocan **después** del sustantivo y sirven para diferenciar las características de las personas, animales, cosas o ideas.

Los adjetivos calificativos que siguen al sustantivo indican:

1. nacionalidad y creencias religiosas, políticas y sociales.
   Vino el ministro **conservador**.
   Hoy llega la chica **peruana**.
   Los miembros de la iglesia **católica** se reúnen hoy.

2. color, forma y tamaño.
   Me regalaron una blusa **azul**.
   Necesito una mesa **redonda**.
   Compraron una casa **grande**.

3. términos técnicos.
   ¡Cuántos instrumentos **electrónicos!**

Hay algunos adjetivos calificativos, sin embargo, que **preceden** al sustantivo, tales como:

1. ciertos adjetivos cortos de uso muy común.
   La **joven** actriz estaba muy contenta.

2. **bueno** y **malo** (pierden la **o** final).
   Busco un **buen** cuento *(short story)* o una **buena** novela para leer.
   Anoche tuve un **mal** sueño.

C. LOS ADJETIVOS QUE CAMBIAN DE SIGNIFICADO

Los siguientes adjetivos cambian de significado según estén antes o después del sustantivo:

Adjetivo	Antes del sustantivo	Después del sustantivo
gran(de)	un **gran** libro *(great)*	un libro **grande** *(big)*
pobre	la **pobre** muchacha *(unfortunate)*	la muchacha **pobre** *(poor, penniless)*
nuevo	una **nueva** casa *(new, another)*	una casa **nueva** *(brand-new)*
viejo	un **viejo** amigo *(of longstanding acquaintance)*	un amigo **viejo** *(old, elderly)*
antiguo	un **antiguo** coche *(former)*	un coche **antiguo** *(old, antique)*

ACTIVIDAD 20

Todas las personas que están en el café se preguntan: «¿Quién era esa muchacha?»
Para responder a esta pregunta, coloque la forma apropiada del adjetivo antes o
después del sustantivo, según el caso.

1. Vimos salir a una muchacha que estaba en el **café** de la esquina. (viejo)

   _____

2. Llevaba **botas**. (largo)

   _____

3. La **muchacha** parecía una **dama**. (joven) (grande/gran)

   _____

4. Escribía algo en unas **hojas**. (blanco)

   _____

5. Estaba distraída bajo la luz de las **lámparas**. (metálico)

   _____

6. Nadie sabía quién era aquella **muchacha**. (moreno)

   _____

7. El mesero del café era un **millonario** que perdió su fortuna. (antiguo)

   _____

8. La muchacha vio que un **joven** la estaba mirando. (encantador)

   _____

9. El **mesero** se negó a llevar la nota de la muchacha al joven. (mal/malo)

   _____

10. La **muchacha** se sintió muy avergonzada y salió rápidamente del café. (pobre)

    _____

ACTIVIDAD 21

Los adjetivos calificativos sirven para describir personas (tanto en el físico como
en su personalidad), animales, lugares, objetos, etc. Piense en los siguientes
elementos del relato «Aqueronte». ¿Cómo son en su imaginación? Descríbalos
utilizando todos los adjetivos calificativos que pueda.

1. ¿Cómo es la muchacha?

   _____

   _____

2. ¿Cómo es el joven?

   _____

   _____

3. ¿Cómo es el mesero?

_____

_____

4. ¿Cómo es el café?

_____

_____

ACTIVIDAD 22

¿Conocen a estas personas? Investiguen en grupos de dos o tres sobre ellas y describan a cada una con adjetivos calificativos sobre su nacionalidad, su profesión, su aspecto físico y su personalidad. Traten de no repetir ningún adjetivo.

1. César Chávez _____

2. Celia Cruz _____

3. Antonio Banderas _____

4. Evita Perón _____

5. Pablo Neruda _____

Los demostrativos

Los demostrativos indican la relación o distancia entre la persona que habla y las personas u objetos de los cuales habla. Los adjetivos demostrativos acompañan a un sustantivo, mientras que los pronombres demostrativos reemplazan al sustantivo.

A. LOS ADJETIVOS DEMOSTRATIVOS

Singular		Plural	
masculino	*femenino*	*masculino*	*femenino*
este animal	**esta** ciudad	**estos** animales	**estas** ciudades
ese color	**esa** flor	**esos** colores	**esas** flores
aquel día	**aquella** cara	**aquellos** días	**aquellas** caras

Este se refiere a lo que está cerca en tiempo o lugar de la persona que habla, **ese** a lo que está cerca de la persona con quien se habla, y **aquel** a lo que está alejado en tiempo o lugar de las personas que hablan.

> **Estos** turistas van al hotel.
>
> **Ese** vestido que llevas es muy bonito.
>
> Siempre recordaré **aquellos** días felices.

B. LOS PRONOMBRES DEMOSTRATIVOS

Singular		Plural		Neutro
masculino	*femenino*	*masculino*	*femenino*	esto
éste	ésta	éstos	éstas	eso
ése	ésa	ésos	ésas	aquello
aquél	aquélla	aquéllos	aquéllas	ello

Los pronombres demostrativos se forman con un acento escrito sobre la sílaba acentuada del adjetivo demostrativo. Se usan para reemplazar al sustantivo.[9]

> ¡Qué flores tan bonitas! **Éstas** me gustan mucho, pero voy a comprar **ésas**, que son más baratas.
>
> La casa donde viven mis abuelos no es **ésta**, es **aquélla**.

Los pronombres demostrativos neutros no llevan acento. Se refieren a algo no identificado o a una idea abstracta.

> —¿Qué es **esto**? —Es una fruta tropical.
>
> Todo **eso** que ves es el barrio residencial que está en construcción.
>
> Te prometo que **aquello** que me dijiste no se lo contaré a nadie.

---

[9] La Real Academia de la Lengua Española aconseja usar este acento cuando el pronombre da lugar a confusión con el adjetivo.

ACTIVIDAD 23

En el café de «Aqueronte» también sirven comidas. La muchacha está tomando una limonada mientras escribe algo en su cuaderno. En una mesa próxima hay una pareja de edad madura que mantiene un diálogo.

*Complete los espacios en blanco con la forma correcta del adjetivo demostrativo (**este, esta, estos, estas**) o del pronombre demostrativo (**éste, ésta, éstos, éstas, esto**). Ponga especial atención a las tildes.*

—_____ es mi restaurante favorito. Si te gusta comer aquí, volveremos

uno de _____ días.

—_____ noche hay un buen menú.

—¿Te gustaría probar _____ camarones que son las especialidad de la

casa? Te aconsejo también _____ ensalada de pimientos rojos.

—Pero, ¿qué es _____ que me ha traído el mesero? _____ no es lo

que he pedido.

—_____ mesero sirve muy mal. Además, creo que _____ cuenta

está equivocada.

—¡ _____ es la última vez que venimos aquí!

ACTIVIDAD 24

En un rincón del café hay un grupo de señoras que comentan el incidente entre el mesero y la muchacha.

*Cada vez que encuentre un demostrativo, indique si se trata de un adjetivo (**A**) o de un pronombre (**P**). Si se trata de un pronombre, añádale la tilde correspondiente. Recuerde que hay excepciones: los neutros (**esto, eso** y **aquello**) siempre son pronombres pero nunca llevan tilde.*

Lola: ¡No lo puedo creer! A **esa** ( ) muchacha la vi una vez en la televisión.

Pepa: ¿A **esa** ( )? ¿Estás segura?

Lola: ¡Claro que sí! ¿Te acuerdas de **aquel** ( ) entrevistador que tenía un programa en el Canal 16?

Rosa: ¿**Aquel** ( ) de los ojos verdes?

Lola: Sí, **aquel** ( ) mismo. Pues recuerdo que la vi en su programa.

Pepa: **Esto** ( ) es lo más raro que he oído en mi vida. Yo siempre miraba **ese** ( ) programa y no recuerdo a ninguna muchacha como **esa** ( ). Creo que es demasiado tímida para **aquellas** ( ) entrevistas tan atrevidas. ¡**Aquellas** ( ) sí que eran buenas entrevistas! Podía enterarme de todos **esos** ( ) detalles íntimos de la vida de los famosos que tanto me interesan.

Rosa: Pepa tiene razón. La muchacha parece bonita, pero es demasiado tímida para **este** ( ) mesero tan grosero. **Este** ( ) sería capaz de cualquier cosa. Mejor será que nos vayamos rápidamente de **este** ( ) café antes de que empiece a gritarnos también a nosotras.

Lola: ¡Oh! ¡**Eso** ( ) sería intolerable!

Los pronombres personales

A continuación se presenta un resumen de los pronombres personales.

	Singular	**Plural**
1ª persona	**yo** hablo	**nosotros(as)** hablamos
2ª persona	**tú** comes (familiar) **usted** (**Ud.**) come (formal)	**vosotros(as)** coméis **ustedes** (**Uds.**) comen
3ª persona	**él**, **ella** escribe	**ellos**, **ellas** escriben

A. *TÚ* VS. *USTED*

Es necesario ser consciente de la diferencia que se hace en español al tratar directamente a una persona (segunda persona del singular).

1. **Tú** corresponde al tratamiento familiar o informal que se usa entre amigos y familiares. Por ejemplo, al llegar a la escuela por la mañana, se le puede preguntar a un(a) compañero(a):

    —Hola, ¿cómo estás (tú)?

    —Muy bien, ¿y tú?

2. **Ud.** corresponde al tratamiento formal que se usa cuando alguien habla con personas que no conoce, con personas mayores o con personas a las que trata con mucho respeto. Por ejemplo, cuando dos adultos que no se conocen bien se encuentran, pueden decir:

    —Buenos días, ¿cómo está Ud.?

    —Muy bien, gracias, ¿y Ud.?

3. Al dirigirse a varias personas directamente (segunda persona del plural), no se hace distinción entre el tratamiento familiar y el formal: siempre se usa **Uds**. (Sólo en el español de España se hace la diferencia entre el tratamiento familiar para varias personas, **vosotros, vosotras** y el tratamiento formal, **Uds.**)

B. LOS USOS DE LOS PRONOMBRES PERSONALES

Como en español el verbo indica la persona y el número, los pronombres personales generalmente se omiten.

Pagaré los derechos de aduana.

Abrimos las maletas.

Sin embargo, hay casos donde debe usarse el pronombre personal.

1. Los pronombres **Ud.** y **Uds.** se usan con más frecuencia como norma de cortesía.

    ¿Quiere **Ud.** un boleto de primera o de turista en el avión?

    ¿Qué piensan **Uds.** del nuevo gerente de la compañía?

Gramática **35**

2. Se usa el pronombre personal para aclarar o dar énfasis al sujeto.

   ¿Quién ha perdido la maleta?

   —**Ella** la ha perdido.

   ¿Quiénes deben hacer el viaje?

   —**Vosotros** debéis hacerlo.

3. Para dar aún más énfasis al sujeto se puede usar **mismo(-a, -os, -as)**.

   Toma el maletín y llévalo **tú misma**.

   Uds. mismos pensaron cancelar el viaje.

4. Los pronombres son necesarios al contrastar dos sujetos.

   Yo perdí el vuelo, pero **él** no.

   Yo quisiera esperar hasta el verano, pero **ellos** desean visitar México ahora.

5. A veces los pronombres personales son necesarios para evitar confusiones con las personas.

   Los dos vinieron juntos, pero **ella** tuvo que regresar de inmediato.

6. Con el verbo **ser**, en casos enfáticos, el pronombre va después del verbo.

   ¿Eres **tú** el representante de la agencia de viajes?

   —Sí, soy **yo**.

7. Después de las palabras **según, como, entre, menos, excepto** e **incluso,** se usa el mismo pronombre personal que se usa como sujeto.

   Entre tú y **yo** no hay secretos.

   Todos lo sabían **menos yo**.

   Según ellas, el botones subió las maletas al segundo piso.

El presente del indicativo

A. FORMAS REGULARES

En español todos los verbos tienen una de tres terminaciones en el infinitivo: **-ar,
-er** e **ir.** Para formar el presente del indicativo, los verbos de cada grupo añaden
una serie de terminaciones al radical del verbo (el infinitivo del verbo sin la
terminación **-ar, -er** o **-ir**). La mayoría de los verbos siguen las mismas reglas, y
por lo tanto se consideran regulares.

comunic*ar*		compr*ender*		ab*rir*	
comunic	-o	comprend	-o	abr	-o
	-as		-es		-es
	-a		-e		-e
	-amos		-emos		-imos
	-áis		-éis		-ís
	-an		-en		-en

B. FORMAS IRREGULARES

No todos los verbos siguen estas reglas. Hay varios tipos de irregularidades en
las conjugaciones de los verbos en español: algunos verbos tienen terminaciones
irregulares y otros tienen cambios en el radical. A continuación se presentan los
diferentes tipos de irregularidades que existen.

Verbos irregulares en la primera persona del indicativo

Algunas verbos tienen la terminación **-go** en la primera persona del indicativo.
Otros que llevan **c** y **-gu** antes de la terminación del infinitivo **-er/-ir** cambian
respectivamente a **-zco** y **-go** en la primera persona del indicativo. Por ultimo,
otros verbos que llevan **-g** antes de la terminación del infinitivo **-er/-ir** cambian la
g a **-jo** en la primera persona del indicativo.

-go		**c > -zco**	
caer(se) *to fall*	cai**go**	conocer *to know someone*	cono**zco**
hacer *to do, make*	ha**go**	desaparecer *to disappear*	desapare**zco**
poner *to put, set*	pon**go**	obedecer *to obey*	obede**zco**
traer *to bring*	trai**go**	conducir *to drive*	condu**zco**
salir *to go out*	sal**go**	traducir *to translate*	tradu**zco**
-gu > -go		**g > -jo**	
distinguir *to distinguish*	distin**go**	coger *to pick, take*	co**jo**
		escoger *to choose*	esco**jo**
		proteger *to protect*	prote**jo**
		dirigir *to manage*	diri**jo**
		exigir *to demand*	exi**jo**

Otros verbos irregulares: saber *to know (something)*   **sé**

ver *to see*   **veo**

Gramática   **37**

Verbos con cambios en el radical

Muchos verbos cambian la vocal del radical a un diptongo en el presente del indicativo y del subjuntivo. Este cambio no afecta las formas de **nosotros** y **vosotros**.

Cambio e > ie	-ar	-er	-ir

empezar *to start*
emp**ie**zo
emp**ie**zas
emp**ie**za
  empezamos
  empezáis
emp**ie**zan
	cerrar *to close*
	comenzar *to start*
	despertar(se) *to wake (someone) up*
	negar *to deny*
	pensar *to think*
	quebrar *to brake*
		defender *to defend*
		encender *to light, turn on*
		entender *to understand*
		perder *to lose*
		querer *to like, want, or love*
			advertir *to warn*
			divertir(se) *to have a good time*
			mentir *to lie*
			preferir *to prefer*
			sentir *to feel (sorry)*

Cambio o > ue	**-ar**	**-er**	**-ir**

poder *to be able; can*
p**ue**do
p**ue**des
p**ue**de
  podemos
  podéis
p**ue**den
	almorzar *to have lunch*
	acordar *to agree*
	contar *to tell; to count*
	encontrar *to find; to meet*
	mostrar *to show*
	probar *to try; to taste*
	recordar *to remember*
	soñar *to dream*
		devolver *to give back*
		mover *to move*
		resolver *to solve*
		soler *to be used (accustomed) to*
		volver *to come back*
			dormir *to sleep*
			morir *to die*

Cambio e > i			**-ir**

servir *to serve*
s**i**rvo
s**i**rves
s**i**rve
  servimos
  servís
s**i**rven
			pedir *to ask for*
			reír *to laugh*
			repetir *to repeat*
			seguir *to follow*
			sonreír *to smile*

Verbos irregulares

dar	decir	estar	ir	oír	oler	ser	tener	venir
doy	digo	estoy	voy	oigo	huelo	soy	tengo	vengo
das	dices	estás	vas	oyes	hueles	eres	tienes	vienes
da	dice	está	va	oye	huele	es	tiene	viene
damos	decimos	estamos	vamos	oímos	olemos	somos	tenemos	venimos
dais	decís	estáis	vais	oís	oléis	sois	tenéis	venís
dan	dicen	están	van	oyen	huelen	son	tienen	vienen

ACTIVIDAD 25

*El joven del relato «Aqueronte» es muy respetuoso con todos y siempre usa el tratamiento formal (Ud.), incluso cuando habla con sus amigos, como vemos en este diálogo. Pero ¡entre buenos amigos se habla de **tú** y no de **Ud.**!*

Ponga el diálogo en el tratamiento familiar. Haga los cambios necesarios en los verbos que están en negrita.

MODELO: Conoce (Ud.) → **Conoces (tú)**

—¿**Sabe** (Ud.) _____ lo que me pasó ayer en el viejo café de la esquina?

—¿Cómo lo voy a saber si Ud. no me lo **cuenta** _____?

—Pues (Ud.) no me **va** _____ a creer. Conocí a una chica pero no pude hablar con ella por culpa del mesero.

—¿Cómo **puede** (Ud.) _____ conocer a una chica si no **habla** (Ud.) _____ con ella?

—Bueno, quiero decir que ella y yo queríamos hablar pero el mesero se enojó con ella y la asustó. Ella salió corriendo del café y no la vi más. ¿Qué **opina** Ud.?

—Opino que (Ud.) _____ un cretino por no reaccionar a tiempo.

ACTIVIDAD 26

*El mesero del café, que es un grosero, trata a los clientes en el estilo familiar en vez de tratarlos en el formal y los clientes le responden de la misma manera, como se puede apreciar en el siguiente diálogo. Pero cuando dos personas no se conocen, deben hablarse de **Ud.**, no de **tú**.*

Ponga el diálogo en el tratamiento formal. Haga los cambios necesarios en los verbos que están en negrita.

MODELO: Opinas (tú) → **Opina (Ud.)**

—Buenas tardes, señora. ¿Qué **deseas** (tú) _____ tomar?

—¿**Tienes** (tú) _____ un buen *capuccino*?

—Sí, en este café (tú) **puedes** _____ tomar el mejor *capuccino* de la ciudad.

—Ya veo que (tú) me **aconsejas** _____ el *capuccino*. De acuerdo, tomaré un *capuccino*.

—¿Y cómo **quieres** (tú) _____ a leche? ¿Entera, semidesnatada, o totalmente desnatada?

—(Tú) me **pones** _____ leche semidesnatada. ¡Ah! Y no le **eches** (tú) _____ azucar al café, por favor.

—De acuerdo. Si **esperas** (tú) _____ un minuto, enseguida traigo el café.

Gramática   **39**

ACTIVIDAD 27

Éstas son algunas de las conversaciones que se pueden oír en el café. En algunas debe usarse el tratamiento familiar y en otras el formal según el tipo de personas y la relación que tengan entre sí.

Decida Ud. si se debe usar el tratamiento familiar (tú) o el formal (Ud.) y escriba la forma verbal correspondiente, según el contexto.

1. Dos amigas íntimas, Matilde y Laura, toman café mientras hablan de sus cosas:

   —Matilde, ¿(creer) _____ que esa muchacha está interesada en el joven de la terraza?

   —Pues, la verdad es que no me extrañaría. Si (voltear) _____ la cabeza, (poder) _____ ver que se están lanzando miraditas y sonrisas todo el tiempo.

2. Un señor de unos sesenta años que está solo en una mesa se dirige a la señora que está en la mesa de al lado:

   —Perdón, señora. ¿(Saber) _____ qué hora es?

   —¡Oh, sí! ¡Cómo no! Ahora son las cinco y media. ¿Acaso (tener) _____ prisa?

   —Sí, (estar) _____ en lo cierto. Tengo que tomar el tren de las seis.

3. El mesero atiende a una pareja de otra mesa cercana:

   —Buenas tardes. ¿Qué (desear) _____ tomar, señora?

   —Una taza de chocolate. Me lo (traer) _____ bien caliente, por favor.

   —¡Por supuesto! ¿Qué (querer) _____ , señor?

   —Si (ser) _____ tan amable de servirme un jugo de naranja.

C. LOS USOS DEL PRESENTE DEL INDICATIVO

El presente habla generalmente de **ahora, en este momento, actualmente**. Sin embargo, el concepto del presente se extiende para cubrir un futuro pensado como presente (nº 4) o un pasado visto como presente (nº 5 y 6). El uso del tiempo presente es mucho más frecuente en español y equivale en inglés al presente simple, presente enfático y al presente progresivo (**hablo** = *I speak, I do speak, I am speaking*).

Usamos el presente del indicativo para expresar:

1. una acción simultánea al momento de hablar.
   > **Sueño** con viajar algún día a Grecia.
   > En este momento **estudiamos** el mapa de la ciudad.

2. acciones generales o habituales.
   > Le **gusta** leer libros de viajes.
   > Los muchachos **se reúnen** todos los viernes.

3. hechos vistos como verdaderos en el presente o verdades universales.
   > **Hay** cuatro cambios de la luna durante el mes.
   > Para convertir pulgadas a centímetros se **multiplican** las pulgadas por 2.54.

4. una acción en un futuro cercano.
   > **Vuelven** a la una para almorzar.
   > Mañana **salimos** para Chile.

5. una acción que ha estado en progreso desde el pasado y que continúa en el momento de hablar.
   > Hace siglos que el hombre **padece** hambre y mal nutrición.

6. el presente histórico: hace más vívida la narración de acciones pasadas.
   > En agosto de 1945 **estallan** las primeras bombas atómicas sobre las islas del Japón. Las explosiones **causan** un número inaudito de muertes y **traen** la destrucción de ciudades enteras.

Gramática

ACTIVIDAD 28

El relato «Aqueronte» de José Emilio Pacheco está narrado en el presente. En él Ud. encontrará los siguientes verbos regulares en la tercera persona del singular. Asegúrese que comprende las oraciones y cambie el verbo conjugado a la persona indicada entre paréntesis.

MODELO: **contemplar**   Contempla la escena.
        (yo)   **Contemplo** la escena.
        (nosotras) **Contemplamos** la escena.

1. **aguardar**   Aguarda dos o tres minutos.

   (nosotros) _____

   (Ud.) _____

2. **recorrer**   Recorre las calles.

   (tú) _____

   (ellos) _____

3. **escribir**   Escribe unas líneas.

   (ellas) _____

   (él) _____

4. **dejar**   Deja un billete sobre la mesa.

   (yo) _____

   (tú y yo) _____

5. **echar**   Echa un poco de azúcar.

   (Uds.) _____

   (ellos) _____

6. **recibir**   Recibe la nota.

   (tú) _____

   (nosotros) _____

7. **entrar**   Entra en el café.

   (ellas) _____

   (Ud.) _____

8. **ver**   Ve salir a alguien.

   (nosotras) _____

   (ellos) _____

ACTIVIDAD 29

En «Aqueronte» Ud. encontrará las siguientes frases con el verbo conjugado en la tercera persona. Ponga el verbo en la persona entre paréntesis e indique qué cambio de raíz sufre el verbo. Recuerde que en algunos verbos se añade una g o una z en la primera persona.

MODELO: Atravesar el salón   (yo)   **atravieso**   **e → ie**

1. Probar el refresco   (él)   _____   _____
2. Ponerse a escribir   (ella)   _____   _____
3. La muchacha enrojece   (yo)   _____   _____
4. Pedir la cuenta   (tú)   _____   _____
5. Disolver el azúcar   (Ud.)   _____   _____
6. Encender la luz   (nosotros)   _____   _____
7. Sentarse en un lugar de
    la terraza   (tú)   _____   _____
8. Sale del café   (yo)   _____   _____
9. Servir la limonada   (él)   _____   _____
10. Poder intervenir   (nosotras)   _____   _____
11. Volver a concentrarse   (ellas)   _____   _____
12. No tiene adónde ir   (yo)   _____   _____

ACTIVIDAD 30

A. *Muchas personas piensan que su ciudad natal es muy atractiva. En un papel aparte, escriba un breve párrafo sobre su ciudad natal y trate los siguientes aspectos:*

1. De qué ciudad o pueblo es Ud.
2. Por qué medio de transporte (carro, camión o autobús, tren, avión, barco) se llega a su ciudad o pueblo.
3. En qué época del año es mejor visitarla y por qué.
4. Qué lugares de diversión deben conocer los visitantes y a qué hora deben ir a ellos.
5. Cuáles son los edificios y monumentos principales.

B. *Con un(a) compañero(a), intercambien ideas sobre las ciudades donde nacieron. Si su compañero(a) y Ud. son de la misma ciudad, comparen sus párrafos para ver si estuvieron de acuerdo en lo que escribieron. Discutan las diferencias de opinión.*

Gramática   **43**

El futuro del indicativo

A. LAS FORMAS DEL FUTURO

Se forma el futuro de los verbos regulares con el infinitivo y las siguientes terminaciones:

Infinitivo	+ Terminación	= Futuro
viajar	-é	viajaré
	-ás	viajarás
	-á	viajará
	-emos	viajaremos
	-éis	viajaréis
	-án	viajarán

Los verbos regulares que terminan en **-er** e **-ir** forman el futuro de la misma manera.

> **volver**: volveré, volverás, volverá, volveremos, volveréis, volverán
>
> **subir**: subiré, subirás, subirá, subiremos, subiréis, subirán

Algunos verbos son irregulares en el futuro. El radical cambia, pero las terminaciones son las mismas que las de los verbos regulares.

Cambio	Infinitivo	Radical del futuro	Futuro
cae la **e** *del infinitivo*	caber	cabr-	cabré
	haber	habr-	habré
	poder	podr-	podré
	saber	sabr-	sabré
	querer	querr-	querré

Cambio[10]	Infinitivo	Radical del futuro	Futuro
la **d** *reemplaza la* **e** *o* **i** *del infinitivo*	poner	pondr-	pondré
	tener	tendr-	tendré
	valer	valdr-	valdré
	salir	saldr-	saldré
	venir	vendr-	vendré
irregular	decir	dir-	diré
	hacer	har-	haré

---

[10]Los verbos compuestos como **mantener, suponer** y **deshacer** se conjugan con la misma terminación en el futuro: **mantendré, supondré, desharé**, etc.

B. LOS USOS DEL FUTURO

Usamos el futuro en distintas situaciones.

1. Cuando expresamos una acción que se predice o anticipa desde el momento presente.

   El auxiliar de vuelo **servirá** bebidas después del despegue.

   El piloto anunció que el vuelo **llegará** a tiempo a La Paz.

2. Cuando expresamos mandato (con las formas de tú, Ud. y Uds.).

   Te digo que **viajarás** mañana.

   Uds. **saldrán** conmigo.

3. Al hacer una conjetura o expresar probabilidad en el presente. Este uso del futuro se distingue del uso regular sólo por el contexto. No indica una acción que va a ocurrir sino la probabilidad de una acción que en inglés se expresa con *must be* o *probably*.

   —¿Qué hora es? —**Serán** las nueve. (*It is probably nine o'clock.*)

   —¿Por qué come tanto? —**Tendrá** hambre. (*He must be hungry.*)

Frecuentemente expresamos también la idea del futuro con:

1. el presente (cuando la acción va a tener lugar en un futuro inmediato, a menudo con adverbios de tiempo).

   Mañana **investigamos** esas posibilidades.

   Los **preparo** inmediatamente.

2. **ir a + infinitivo** (se usa mucho en la conversación como equivalente de *to be going to*).

   Van a quedarse con el maletín.

3. el presente del verbo **querer + infinitivo** (se usa para pedir o solicitar algo). (INGLÉS: *will*)

   ¿Quieres ayudarme? (*Will you help me?*)

ACTIVIDAD 31

A. *¿Qué pasará después con el joven y la muchacha de «Aqueronte»? ¿Volverán a verse otra vez? Ponga el verbo en el futuro y entérese.*

1. La muchacha (ir) _____ a la casa de su amiga y le (contar) _____ el bochornoso incidente.

2. El joven dice: «Yo (tener) _____ que encontrarla contra viento y marea».

3. Un cliente sabe dónde vive la muchacha y (salir) _____ detrás del joven para decírselo.

4. No (haber) _____ consuelo en el corazón del joven hasta que encuentre a la muchacha.

5. El padre de la muchacha le (decir) _____ al joven que ella nunca regresó del café.

6. El joven (querer) _____ contarle al padre lo ocurrido el día anterior.

7. Ustedes no (venir) _____ nunca más a este café.

8. El dueño del café les (poder) _____ dar la mala noticia de que ese mesero no regresó a trabajar.

9. El propietario del café y la policía (hacer) _____ una investigación de los hechos.

10. Tanto el joven como el padre nunca (poder) _____ encontrar a la muchacha.

11. Nosotros nunca (saber) _____ el final de esta historia.

B. *Ahora, si no le gusta este desenlace para «Aqueronte», escriba Ud. su propio final. Utilice los verbos del futuro del indicativo.*

_____

_____

_____

_____

_____

_____

_____

_____

_____

_____

_____

_____

_____

_____

ACTIVIDAD 32

Escoja uno de estos mini-comentarios y escriba una posible predicción usando el tiempo futuro.

1. Ud. sabe que no hará buen tiempo y que el aviso meteorológico de la televisión se equivocó una vez más. Llame a su amigo(a) por teléfono y dígale cómo será el tiempo y qué tipo de ropa deberá traer.

2. Ud. hace predicciones con sus amigos sobre el partido de _____ que se jugará en dos horas.

3. Imagine que su actor o actriz favorito(a) está actuando/trabajando en su última película. ¿Cómo será esta película? ¿Qué tipo de personaje representará? ¿Cree Ud. que será una película taquillera?

_____

_____

_____

_____

_____

_____

_____

_____

_____

_____

_____

_____

_____

_____

_____

_____

_____

_____

_____

_____

_____

Gramática   **47**

Un paso más

⚜ Algunas conjunciones coordinantes

A. LAS CONJUNCIONES Y *(E)*, O *(U)*

1. La conjunción **y** une dos palabras o frases.

> Cecilia **y** Miguel vienen a verme.
>
> ¿Qué te parece si salimos de compras **y** después vamos al cine?

¡OJO! Si la palabra que sigue a la conjunción **y** comienza con la letra **i-** o las letras **hi-**, la conjunción **y** cambia a **e.**

> Daniel **e** Inés quieren conocerse.
>
> Este año estudio geografía **e** historia.

2. La conjunción **o** sirve para expresar una elección.

> ¿Llevamos ensalada **o** postre?
>
> ¿Quieres bañar a los perros hoy **o** prefieres hacerlo mañana?

¡OJO! Si la palabra que sigue a la conjunción **o** comienza con la letra **o-** o con las letras **ho-**, la conjunción **o** cambia a **u.**

> Es la séptima **u** octava puerta, a la derecha.
>
> De vacaciones quizás vaya a Dinamarca **u** Holanda.

B. LAS CONJUNCIONES *PERO* Y *SINO*

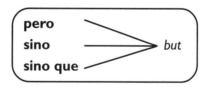

1. *pero* + (sujeto) + verbo

Pero equivale a *but*, y se usa para unir dos cláusulas independientes.

> Teníamos sueño, **pero** no pudimos dormir.
>
> Estábamos invitados, **pero** no fuimos a la fiesta.

---

2. *sino* + **sustantivo**

No... sino tiene el sentido de **al contrario** (INGLÉS: *but [rather]*). Sirve para introducir una oración negativa seguida de una idea opuesta.

> **No** tengo sueño **sino** hambre.
>
> La carta **no** era para mí **sino** para José.

3. *sino* + *que* + **verbo**

No... sino que se usa cuando los verbos de las dos cláusulas son distintos y se oponen.

> No me han dado el dinero, **sino que** lo han puesto en el banco.
>
> César Chávez no quería la violencia, **sino que** esperaba que los ciudada nos comprendieran y apoyaran su causa.

4. *No sólo... sino (también)*

No sólo... sino (también) (INGLÉS: *not only... but also*) sirve para expresar una afirmación eliminando la restricción impuesta por **sólo**.

> Pensamos visitar **no sólo** Colorado, **sino también** California.
>
> **No sólo** hablará con los campesinos, **sino** con los patrones.

ACTIVIDAD 33

Cambie la palabra en negrita por la palabra entre paréntesis, y si es necesario cambie la conjunción donde corresponda.

1. Los estudiantes de literatura y **medicina** se gradúan hoy. (ingeniería)

_____

2. Voy a vestirme pronto y **salir** de compras. (ir)

_____

3. ¿Tu reloj es de plata u **oro**? (acero)

_____

4. Y tu hermano, ¿es trabajador o **vago**? (holgazán)

_____

5. El muchacho que me busca es muy simpático e **inteligente.** (amable)

_____

6. ¿Vas a quedarte en una pensión o **casa de familia**? (hotel)

_____

7. No sé si tiene seis o **siete** hermanos. (ocho)

_____

8. Creo que Roberto se va a casar en septiembre u **octubre**. (noviembre)

_____

9. Daniel levantó la mano e **hizo** una pregunta. (contestó)

_____

10. Dicen que ese estudiante es mentiroso y **malo.** (hipócrita)

_____

ACTIVIDAD 34

*¿Qué película vamos a ver esta noche? Complete el diálogo con **pero, sino, sino que** o **sino también**.*

CARMEN: ¿Aló? ¿Paco? Te estaba esperando. No te dije que me llamaras a las 6:00 _____ pasaras por mí para ir al cine.

PACO: Sí. Sí. Ya lo sé, Carmen, _____ acabo de ver en la Guía Cinematográfica que en el cine Imperio hoy no pasan la película de Almodóvar que queremos ver.

CARMEN: Que yo sepa, no la dan en el Imperio _____ en el cine Palafox.

PACO: ¡Qué lástima! No sólo estamos atrasados _____ mi coche está sin gasolina y el cine Palafox queda muy lejos de aquí.

CARMEN: Bueno, no te preocupes, tenía muchas ganas de ver la película de Almodóvar _____ podemos verla otro día. Oye, como ya se hace tarde, ¿qué te parece si vamos al cine Universitario? No sólo veremos una película con Andy García _____ también una con Antonio Banderas, *Desperado*.

PACO: No es mala idea, _____ me tienes que prometer ver las dos películas. La última vez nos salimos a la mitad de la segunda película porque te pareció muy larga.

CARMEN: No sólo era larga _____ era aburrida.

PACO: Bueno, bueno. Te paso a buscar en diez minutos.

COMPOSICIÓN

¿Cuál es el personaje de «Aqueronte» que más le gusta y cuál es el que más le disgusta?

En un papel aparte, escriba una composición en el presente del indicativo. Describa detalladamente a los personajes seleccionados y exponga claramente las razones por las que los seleccionó. Estructure sus ideas de la siguiente manera:

1. El personaje que más me gusta es...
   a. Él/Ella es..., tiene... (descripción física y del carácter)
   b. Selecciono a este personaje porque... (razón o razones)

2. El personaje que más me disgusta es...
   a. Él/Ella es..., tiene... (descripción física y del carácter)
   b. Selecciono a este personaje porque... (razón o razones)

Una vez que tenga sus ideas claras, escriba la primera versión y corrija los errores de ortografía, acentuación, formas verbales, etc. Finalmente, escriba la versión definitiva.

Lectura introductoria

⚘ Presentación de la lectura: «La casa nueva»

¿Sabía Ud. que... ?

La Ciudad de México es posiblemente la ciudad más poblada del mundo. Sus barrios o suburbios se llaman colonias y hay marcadas diferencias entre unas y otras. Por ejemplo, la colonia San Rafael es más antigua y tiene casas viejas y pequeñas, mientras que la colonia Anzures es moderna y tiene casas más grandes y cómodas. Anchas avenidas separan las colonias.

En «La casa nueva» una mujer madura habla de sus ilusiones infantiles frustradas por su padre. La autora del cuento, Silvia Molina, es una escritora mexicana contemporánea que, además de cuentos, ha escrito varias novelas.

Antes de leer

Charle con un(a) compañero(a) de clase y respondan a las siguientes preguntas.

1. ¿Qué les parece la idea de jugar a la lotería? ¿Por qué?
2. ¿Es realista tener esperanzas en ella o creen que es mejor ahorrar un poco cada día?
3. ¿Cuáles son sus ilusiones? ¿Son ilusiones realistas? ¿Creen que se pueden cumplir fácilmente o necesitan sacarse la lotería para que se cumplan?
4. ¿Sus padres cumplen las promesas que les hacen a Uds.? ¿Qué hacen Uds. cuando ellos no cumplen sus promesas?
5. ¿Qué harán Uds. si tienen hijos en el futuro: harán grandes promesas aunque no las puedan cumplir o tratarán de prometer sólo lo que puedan cumplir, aunque sea poco?

⚜ La lectura

La casa nueva

de Silvia Molina

Claro que no creo en la suerte, mamá. Ya está usted como mi papá. No me diga que fue un soñador; era un enfermo —con el perdón de usted. ¿Qué otra cosa? Para mí, la fortuna está ahí o de plano no está. Nada de que nos vamos a sacar la lotería. ¿Cuál lotería? No, mamá. La vida no es ninguna ilusión, es la vida y se acabó. Está bueno para los niños que creen en todo: «te voy a comprar la camita», y de tanto esperar, pues se van olvidando. Aunque le diré, a veces, pasa el tiempo y uno se niega a olvidar ciertas promesas; como aquella tarde en que mi papá me llevó a ver la casa nueva de la colonia Anzures.

El trayecto en el camión desde la San Rafael me pareció diferente, mamá. Como si fuera otro... Me iba fijando en los árboles —se llaman fresnos, insistía él—, en los camellones repletos de flores anaranjadas y amarillas —son girasoles y margaritas, me instruía.

Miles de veces habíamos recorrido Melchor Ocampo, pero nunca hasta Gutemberg. La amplitud y la limpieza de las calles, me gustaba cada vez más. No quería recordar la San Rafael, tan triste y tan vieja: «No está sucia, son los años», repelaba usted siempre, mamá. ¿Se acuerda? Tampoco quería pensar en nuestra privada sin intimidad y sin agua.

Mi papá se detuvo antes de entrar y me preguntó:

—¿Qué te parece? un sueño, ¿verdad?

Tenía la reja blanca, recién pintada. A través de ella vi por primera vez la casa nueva... la cuidaba un hombre uniformado. Se me hizo tan... igual que cuando usted compra una tela: olor a nuevo, a fresco, a ganas de sentirla...

Abrí bien los ojos, mamá. Él me llevaba de aquí para allá de la mano. Cuando subimos me dijo: «Ésta va a ser tu recámara». Había inflado el pecho y hasta parecía que se le cortaba la voz por la emoción. Para mí sólita, pensé. Ya no tendría que dormir con mis hermanos. Apenas abrí una puerta, él se apresuró: «Para que guardes la ropa». Y la verdad, la puse allí, muy acomodadita en las tablas, y mis tres vestidos colgados; y mis tesoros en aquellos cajones. Me dieron ganas de saltar en la cama del gusto, pero él me detuvo y abrió la otra puerta: «Mira, murmuró, un baño». Y yo me tendí con el pensamiento en aquella tina inmensa, suelto mi cuerpo para que el agua lo arrullara.

Luego me enseñó su recámara, su baño, su vestidor. Se enrollaba el bigote como cuando estaba ansioso. Y yo, mamá, la sospeché enlazada a él; en esa camota —no se parecía en nada a la suya—, en la que harían sus cosas, sin que sus hijos escucháramos. Después salió usted, recién

---

bañada, olorosa a durazno, a manzana, a limpio. Contenta, mamá, muy contenta de haberlo abrazado a solas, sin la perturbación ni los lloridos de mis hermanos.

Pasamos por el cuarto de las niñas, rosa como sus cachetes y las camitas gemelas; y luego, mamá, por el cuarto de los niños que «ya verás, acá van a poner los cochecitos y los soldados». Anduvimos por la sala, «porque tenía sala, y por el comedor y por la cocina» y el cuarto de lavar y planchar. Me subió hasta la azotea y me bajó de prisa porque «tienes que ver el cuarto para mi restirador». Y lo encerré para que hiciera sus dibujos, sin gritos ni peleas, sin niños cállense que su papá está trabajando, que se quema las pestañas de dibujante para darnos de comer.

No quería irme de allí nunca, mamá. Aun encerrada viviría feliz. Esperaría a que llegaran ustedes, miraría las paredes lisitas, me sentaría en los pisos de mosaico, en las alfombras, en la sala acojinada; me bañaría en cada uno de los baños; subiría y bajaría cientos, miles e veces, la escalera de piedra y la de caracol; hornearía muchos panes para saborearlos despacito, en el comedor. Allí esperaría la llegada de usted, mamá; la de Anita, de Tebe, de Gonza, del bebé. Y mientras, también, escribiría una composición para la escuela: *La casa nueva.*

En esta casa, mi familia va a ser feliz. Mi mamá no se volverá a quejar de la mugre en que vivimos. Mi papá no irá a la cantina; llegará temprano a dibujar. Yo voy a tener mi cuarto, mío, para mí solita. Y mis hermanos...

No sé qué me dio por soltarme de su mano, mamá. Corrí escaleras arriba, a mi recámara, a verla otra vez, a mirar bien los muebles y su gran ventanal; y toqué la cama para estar segura de que no era una de tantas promesas de mi papá, que allí estaba todo tan real como yo misma, cuando el hombre uniformado me ordenó:

—Bájate, vamos a cerrar.

Casi ruedo las escaleras, el corazón se me salía por la boca:

—¿Cómo que van a cerrar, papá? ¿No es ésa mi recámara?

Ni con el tiempo he podido olvidar: que iba a ser nuestra cuando se hiciera la rifa.

Después de leer

Responda a las siguientes preguntas basándose en el cuento «La casa nueva».

1. ¿Quién es el personaje protagonista de «La casa nueva»?

   _____

2. ¿En qué momento de su vida escribe la narradora? ¿A qué momento de su vida se refiere?

   _____

3. ¿A quién se dirige la narradora?

   _____

4. ¿Dónde vivía la niña?

   _____

5. ¿Adónde la llevó su papá?

   _____

6. ¿Cómo era la casa nueva?

   _____

7. ¿Quién era el hombre uniformado?

   _____

8. ¿Cómo era la casa vieja?

   _____

9. ¿Cuál era la profesión del padre? ¿Cómo era él?

   _____

10. ¿Por qué dice la narradora que no cree en la suerte?

    _____

Ortografía

━᪲ Las letras *c* (*ce*, *ci*), *s* y *z*

En algunas zonas de España[1] y en casi toda Hispanoamérica el sonido correspondiente a la letra **s** es el mismo que corresponde a las letras **c** (**ce**, **ci**) y **z**.

ce**los**o	**ci**udad	**z**apato	**s**ábana
a**c**eite	divor**c**io	triste**z**a	de**s**can**s**ar

Para evitar la confusión en el momento de escribir pueden seguirse estas reglas generales.

1. Las palabras que terminan en *-tion* en inglés terminan en **-ción** en español.

nation	na**ción**
circulation	circula**ción**
celebration	celebra**ción**
emotion	emo**ción**

2. Las palabras que terminan en *-sion* y *-ssion* terminan en **-sión** en español.

illusion	ilu**sión**
television	televi**sión**
conclusion	conclu**sión**
admission	admi**sión**

A. EL USO DE LA C

1. Llevan **c** las palabras que terminan en **-ancia**.

inf**ancia**	toler**ancia**	const**ancia**	ignor**ancia**

2. Se usa la **c** en palabras que terminan en **-encia** o **-iencia**.

her**encia**	aus**encia**	experi**encia**	paci**encia**

3. Se escriben con **c** los verbos que en el infinitivo terminan en **-cer** y **-cir**, y sus formas derivadas (¡OJO con **coser** y otros!).

co**cer**	Para cocer las papas el agua tiene que hervir.
cono**cer**	¿Conoces a aquel muchacho?
conven**cer**	Estaba convencida que vendrías a verme.

---

[1] En el resto de España la **c** (**ce**, **ci**) y la **z** se pronuncian como el sonido *th* en inglés.

B. EL USO DE LA Z

1. Llevan **z** las palabras que terminan en **-anza.**

   esper**anza**   alab**anza**   bal**anza**

2. Se escriben con **z** muchos verbos que en el infinitivo terminan en **-zar**, y sus formas derivadas (¡OJO con **pensar** y otros!).

   empe**zar**   Empezaste bien el año.

ACTIVIDAD 1

Complete este breve párrafo sobre el cuento usando las letras c, s o z.

La niña recuerda cuán apre___uradamente entró en aquella ca___a. Su cora___ón latía de a___ombro y feli___idad. Sus ojos pare___ían tran___formar todo en realidad, y sentía sen___a___iones nuevas, emo___iones que lentamente iban alimentando más su ilu___ión.

ACTIVIDAD 2

Reescriba cada oración haciendo los cambios necesarios.

MODELO: La niña empezó a llorar cuando los echaron.
         Yo <u>empecé a llorar cuando nos echaron.</u>

1. Una vez habíamos recorrido Melchor Ocampo.

   Miles de _____

2. En esta casa, mi familia va a ser feliz.

   En esta casa, nosotros _____

3. A ella se le cortaba la voz por la emoción.

   A ellos _____

4. Yo no me parezco a mi padre, no me gusta vivir de las ilusiones.

   Mi hermano se _____

5. Ayer, los niños hicieron una composición sobre su casa nueva.

   Ayer, la niña _____

ACTIVIDAD 3

Empareje cada palabra con su significado correcto. No dude en consultar el diccionario, si lo considera necesario.

ves		vez
	del verbo **ver**	
	lugar donde las personas habitan	
abrasar	sinónimo de **esclavo**	abrazar
	ocasión	
tasa	preparar alimentos en la cocina	taza
	captura de animales	
siervo	recipiente donde se toma café	ciervo
	quemar	
casa	precio fijo de algo	caza
	mamífero con cuernos, como Bambi	
coser	usar hilo y aguja	cocer
	tomar entre los brazos	

Las combinaciones *ca, que, qui, co, cu, cua, cue, cui, cuo*

1. Se escriben con **c** las combinaciones **ca, co** y **cu**.

   Acusan a Juan de robar **co**sas en una **ca**sa.
   Me gusta el **café** de **Co**lombia y de **Cu**ba.

   > Recuerde que **ce**, y **ci** suenan /se/, /si/.
   > Por ejemplo: Ha**ce ci**tas con chicas de la **ci**udad.

2. Se escriben con **qu** sólo las combinaciones **que** y **qui**. La **u** que sigue a la **q** no tiene sonido.

   ¿**Qui**én **qui**ere a**que**l **que**so?

   > Recuerde que en los verbos que terminan en
   > **-car** la **c** cambia a **qu** cuando va seguida de **e**.
   >
   > | | | |
   > |---|---|---|
   > | colo**car** | colo**co** | colo**qué** |
   > | sa**car** | sa**ca**mos | sa**qué** |
   > | to**car** | to**ca**ra | to**que**s |

3. Se escriben las combinaciones **cue** y **cui** sólo cuando queremos indicar que la **u** sí suena. Lo mismo ocurre con las combinaciones **cua** y **cuo**.

   Cuánto contaminan los humanos es una **cue**stión que me preocupa mucho.
   Cuando pagues la **cuo**ta del gimnasio, podrás ir a **cui**dar tu **cue**rpo.

   ¡OJO con las palabras que en inglés se escriben con **qu**!

   Por ejemplo:

quantity	**c**antidad
quality	**c**alidad, **cua**lidad
question	**cue**stión

ACTIVIDAD 4

Escriba una oración con cada una de estas palabras. Use el diccionario si lo necesita.

1. tocar

   _____

2. duplicar

   _____

3. evocar

   _____

4. colocar

_____

5. buscar

_____

ACTIVIDAD 5

Escriba un párrafo describiendo su casa ideal. Use todas estas palabras por lo menos una vez.

cuarto / cuento / cuidar / cuota / cantidad /

calidad / quinientos / querer / cuñado / querer

_____

_____

_____

_____

_____

_____

_____

_____

_____

_____

_____

_____

_____

_____

_____

_____

_____

_____

_____

_____

_____

_____

Gramática

⚜ Las comparaciones

A. LAS COMPARACIONES DE SUPERIORIDAD E INFERIORIDAD

Las comparaciones regulares

Para expresar comparaciones de superioridad e inferioridad se usa **más** o **menos** en las fórmulas siguientes:

> **más (menos)** + adjetivo
> adverbio + **que**
> sustantivo

Los aviones del futuro serán **más** cómodos **que** los aviones de hoy. (adjetivo)

Los cubanos hablan **más** rápido **que** los ecuatorianos. (adverbio)

En este autobús cabrán **menos** pasajeros **que** en el primero. (sustantivo)

> verbo + **más (menos) que**

El botones habla **más que** el gerente.

Mi maleta pesa **menos que** la tuya.

> **más (menos) de** + cantidad
> número

La compañía gastará **más de** cinco millones en este proyecto turístico.

Me parece que lo compraron por **menos de** la mitad del precio.

ATENCIÓN:

1. La palabra comparativa *than* se expresa con **que.** Delante de un número o una cantidad se expresa con **de.**

2. Contrario al inglés, después de **más que** y **menos que** se usan los negativos **nunca, nadie, nada** y **ninguno.**

> Necesito dinero **más que nunca.**   *I need money more than ever.*
> Yo trabajo **más que nadie.**   *I work more than anyone.*

Las comparaciones irregulares

Ciertos adjetivos y adverbios muy comunes no emplean **más** o **menos** en ciertos tipos de comparaciones. Las siguientes formas son irregulares:

Adjetivo	Adverbio	Forma comparativa
bueno (buen)	bien	mejor
malo (mal)	mal	peor
poco	poco	menos
mucho	mucho	más
pequeño		menor
grande (gran)		mayor

ATENCIÓN:

1. Cuando **bueno** y **malo** se refieren al carácter de una persona y no a la calidad, se usan las formas regulares.

   CARÁCTER: Jorge es **mucho más bueno** que tú: no se enfada nunca.
   Esa mujer es aún **más mala** que las otras.

   CALIDAD: La segunda película fue **mejor** que la primera.
   Mi salud está **peor** que ayer.

2. Cuando los adjetivos **grande** y **pequeño** se refieren a tamaño y no a edad, se usan las formas regulares.

   TAMAÑO: Esa maleta es **más grande** que aquélla.
   Este aeropuerto es aún **más pequeño** que lo que pensaba.

   EDAD: Soy **mayor** que tú por un día.
   Mi tía es **menor** que mi papá.

B. LAS COMPARACIONES DE IGUALDAD

Para expresar una comparación de igualdad usamos **tan** o **tanto**(-a, -os, -as) en las fórmulas siguientes:

as . . . as	**tan** + adjetivo + **como**
	tan + adverbio + **como**
as much as	**tanto(-a)** + sustantivo + **como**
	verbo + **tanto como**
as many as	**tantos(-as)** + sustantivo + **como**
	verbo + **tantos(-as) como**

—¿Serán menos fuertes los seres del año 2000 que nosotros?

—No, Serán **tan fuertes como** nosotros.

—¿Correrán mucho más rápido que nosotros?

—Lo dudo. Correrán **tan rápido como** nosotros.

—¿Tendrán menos energía que el hombre actual?

—Creo que tendrán **tanta energía como** nosotros.

—¿Dormirán menos que nosotros?

—Probablemente dormirán **tanto como** nosotros.

—¿Leerán más libros y revistas que el hombre de hoy?

—Creo que leerán **tantos libros** y **tantas revistas como** el hombre de hoy.

—¿Tendrán más problemas que nosotros?

—Claro que tendrán **tantos como** nosotros pero serán diferentes.

ACTIVIDAD 6

Comparemos la casa de San Rafael con la casa de la colonia Anzures en el cuento de Silvia Molina. En el siguiente cuadro escriba acerca de las diferencias entre las dos casas, según son descritas el cuento.

Diferencias	La casa de San Rafael	La casa de la colonia Anzures
antigüedad		
número de recámaras		
aspecto interior		
aspecto exterior		
superficie tamaño		
otro		

Ahora utilice las notas que acaba de tomar para crear oraciones usando las comparaciones de superioridad e inferioridad.

MODELO: La casa de San Rafael es **más** reducida **que** la casa de la colonia Anzures.

1. _____

2. _____

3. _____

4. _____

5. _____

6. _____

ACTIVIDAD 7

Use cualquiera de las comparaciones irregulares para expresar una relación de carácter–calidad o tamaño–edad entre los siguientes elementos.

MODELO: L.A. Lakers – Chicago Bulls (calidad)
Los Chicago Bulls juegan **mejor** que los L.A. Lakers.

1. Susana Jiménez – Daniels Romo – Rodney King (carácter)

    _____

2. Dodgers – San Francisco Giants (calidad)

    _____

4. Perú – Bolivia (tamaño)

    _____

5. Edward James Olmos – Esai Morales (edad)

    _____

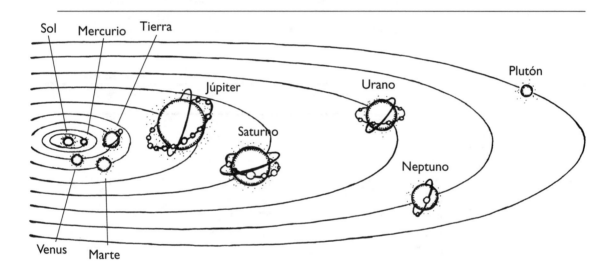

ACTIVIDAD 8

Complete estas oraciones con una expresión de inferioridad, superioridad, igualdad o con el superlativo. Cada espacio en blanco requiere una palabra.

1. De todos los planetas, Júpiter es _____ _____ grande.

2. Mercurio es _____ pequeño _____ Saturno.

3. Júpiter tiene _____ lunas _____ la Tierra; tiene más _____ once lunas.

4. La temperatura de la tierra es 59° F; la de Marte, 55° F. Es decir, Marte es casi _____ caliente _____ la Tierra. En 1970 los científicos rusos midieron una temperatura de 885° F en Venus, comprobando que este planeta es _____ _____ caliente _____ todos.

5. El día de un planeta es el tiempo que dura una rotación sobre se eje. Un día en Júpiter dura un poco menos _____ diez horas; mientras que un día en Venus dura más _____ 243 días terrestres. Un día en la Tierra es _____ largo _____ uno de Júpiter, pero _____ largo _____ uno de Venus.

6. El año de un planeta es el tiempo que dura una revolución alrededor del sol. Un año en Mercurio dura casi 88 días; una revolución de Plutón dura 249 de nuestros años terrestres. Un año en Mercurio es muchísimo _____ corto _____ un año en Plutón. Un hecho interesante: una rotación de Venus sobre su eje dura 243 días, mientras una revolución alrededor del sol dura sólo 225 días. Es decir, su día dura _____ tiempo _____ su año.

Los superlativos

1. Para formar el superlativo de adjetivos se añade el artículo definido (**el, las, los, las**) a la forma comparativa.

Adjetivo	Comparativo	Superlativo	
pesado	más pesado	el más pesado	Esta maleta es la **más pesada.**
bueno	mejor	el mejor	Son **las mejores** ofertas de viaje. (calidad)
malo (calidad)	peor	el peor	Éstos son **los peores** asientos del avión.

2. Para formar el superlativo de adverbios se usa la construcción **lo más + adverbio**.

Adjetivo	Comparativo	Superlativo	
claramente	más claramente	lo más claramente	Repite el mensaje **lo más claramente** posible.
bien	mejor	lo mejor	Hagálo **lo mejor** que pueda.

3. Para expresar el superlativo en relación con otros elementos se usa la forma superlativa seguida de la preposición **de** (INGLÉS: *in* o *of*).

artículo + **más** + adjetivo + **de** o **menos**	Este viaje es **el más barato de** todos. Marta es **la más alta de** las chicas. Uds. son **los más inteligentes de** la clase.

4. Para expresar un superlativo independiente se pueden usar dos formas distintas:

muy **sumamente** + adjetivo o adverbio **extraordinariamente** **extremadamente**	Este viaje es **muy** barato. Marta es **sumamente** alta. Uds. son **extraordinariamente** inteligentes. Vive **extremadamente** lejos.

adjetivo + **-ísimo(-a, -os, -as)** adverbio + **-ísimo(-a, -os, -as)**	Es un **grandísimo** tonto. Me trajo flores **hermosísimas**. La visita fue **muchísimo** más corta que ayer. Me fui a la cama **tempranísimo**.

ATENCION:

Para formar el superlativo del adjetivo con **-ísimo**(**-a, -os, -as**) se suprime la vocal final del adjetivo. Algunas formas sufren cambios.

Cambio	Adjetivo	Superlativo
z > c	feliz	**felicísimo**
g > gu	largo	**larguísimo**
ble > bil	amable	**amabilísimo**
c > qu	rico	**riquísimo**

Para formar el superlativo del adverbio con **-ísimo**(**-a, -os, -as**) se suprime la vocal final del adverbio. Algunas formas sufren los mismos cambios que los adjetivos.

Cambio	Adverbio	Superlativo
c > qu	poco	**poquísimo**
	cerca	**cerquísima**
z > c	veloz	**velocísimo**
ble > bil	posible	**posibilísimo**

ACTIVIDAD 9

Escoja un superlativo apropiado y escriba una oración comparando los tres elementos de cada categoría.

MODELO: Canciones bailables: La macarena / La gota fría / La bilirrubina
La macarena es la más bailable de todas.

1. Películas: *El fugitivo / El cartero / Como agua para chocolate*

   _____

2. Cantantes hombres: Jon Secada / Enrique Iglesias / Juan Luis Guerra

   _____

3. Deportes: Básquetbol / Béisbol / Vóleibol

   _____

4. Cantantes mujeres: Selena / Gloria Estefan / Ana Gabriel

   _____

5. Actores: Andy García / Antonio Banderas / Lou Diamond Phillips

   _____

6. Asignaturas: Literatura / Matemáticas / Música

   _____

7. Parques nacionales: Yosemite / Yellowstone / El Gran Cañón

   _____

ACTIVIDAD 10

¡El mejor de todos! En grupos, y usando el superlativo, escriban sobre el mejor o peor de las siguientes categorías; luego intercambien sus ideas.

1. El programa de televisión

   _____

2. El(la) cantante del año

   _____

3. La canción del momento

   _____

4. El actor/la actriz más guapo(a)

   _____

5. El grupo musical de más acogida

   _____

Las preposiciones *en* y *de*

A. EL USO DE LA PREPOSICIÓN *EN*

En se usa:

1. para designar el lugar donde algo ocurre o se localiza. *(in, at)*
   La fiesta se celebra **en** Madrid.
   La escultura está **en** el museo.

2. con el significado de **encima de**. *(on)*
   Los papeles están **en** la mesa.
   El pájaro está **en** la rama.

3. en expresiones de tiempo para designar lo que ocurre en un momento dado. *(at, in)*
   En aquel momento (instante) decidí quedarme.
   Regresan a su país **en** diciembre.

B. EL USO DE LA PREPOSICIÓN *DE*

De se usa:

1. para indicar posesión. *(of)*
   Es el sombrero **del**[2] muchacho.
   El libro no es **de** Marta; es mío.

2. para indicar origen o nacionalidad. *(from)*
   Es un árbol **de** esta región.
   Estos hombres son **de** España.

3. con un sustantivo para indicar la materia de que está hecho algo. *(of)*
   Me regalaron un reloj **de** oro.
   La mesa no es **de** madera.

4. para designar una hora específica. *(in)*
   Son las cinco **de** la tarde.
   Llegarán a las nueve **de** la mañana.

5. para designar el lugar al que pertenecen personas o cosas. *(in, on)*
   Lo compré en al almacén **de** la esquina.
   Me refiero a los chicos **de** la calle.

---

[2] Recuerde que la preposición **de** y el artículo **el** forman la contracción **del.**

6. seguida de un sustantivo, para indicar la condición, la función o el estado de algo (expresa la idea de **como**). *(as a)*

> El muchacho se vistió **de** vaquero.
>
> Está con nosotros **de** consejero.
>
> **De** niño, jugaba conmigo.

7. después de un adjetivo para expresar la causa de un estado o una acción. *(of, with)*

> Vienen muertos **de** sed.
>
> Estábamos contentos **del** trabajo que habías hecho.

8. para describir el uso práctico o el contenido de un objeto. *(of)*

> Acaban de comprar una nueva máquina **de** escribir.
>
> Quiero un libro **de** recetas.

ACTIVIDAD 11

*Supongamos que el padre sí gana la lotería y, junto con la niña, quiere darle una sorpresa a la madre. Complete el diálogo con las preposiciones **en** o **de(l)**, según corresponda.*

NIÑA: ¡Esta casa es bellísima papá! ¿Es la casa _____ la lotería?

PADRE: Sí, pero no vamos a decirle nada a tu madre. Quiero que sea una sorpresa. Sólo tenemos que decorarla un poco a su gusto.

NIÑA: ¿ _____ qué te puedo ayudar?

PADRE: Bueno, primero tenemos que pintar los cuartos _____ segundo piso _____ un color crema.

NIÑA: Sí, ese es su preferido.

PADRE: Pediremos al guardián _____ la casa que arregle las flores _____ jardín y plante un árbol _____ naranjas.

NIÑA: Yo me encargaré _____ arreglar a mis hermanos y los vestiré con un traje _____ domingo. Yo quiero mostrarles los cuartos _____ cada uno.

PADRE: Bueno, es hora _____ irnos. Ya sabemos el número _____ boleto ganador y vamos a reclamar nuestro premio.

NIÑA: ¿Qué quieres decir? ¿Todavía no lo hiciste oficialmente?

El pretérito del indicativo

A. LAS FORMAS REGULARES

La mayoría de los verbos en el pretérito se conjugan de una manera regular, añadiéndole dos grupos de terminaciones al radical del infinitivo. Estos verbos regulares tienen las siguientes terminaciones:

lavar	comprender	batir
lav **-é**	comprend **-í**	bat **-í**
-aste	**-iste**	**-iste**
-ó	**-ió**	**-ió**
-amos	**-imos**	**-imos**
-asteis	**-isteis**	**-isteis**
-aron	**-ieron**	**-ieron**

ATENCIÓN: Las terminaciones de los verbos de la segunda y de la tercera conjugación (**-er** e **-ir**) son iguales.

B. LAS FORMAS IRREGULARES

Los verbos irregulares

Al igual que en el presente del indicativo, en el pretérito hay verbos que se consideran enteramente irregulares por no seguir ningún patrón discernible en su conjugación. Los verbos enteramente irregulares en el pretérito son tres:

ir/ser	dar
fui	di
fuiste	diste
fue	dio
fuimos	dimos
fuisteis	disteis
fueron	dieron

Los verbos con cambios en el radical

1. Hay muchos verbos que en el pretérito tienen dos aspectos en común:
    (a) las terminaciones y (b) la acentuación de la primera y de la tercera
    persona, que recae en la penúltima sílaba en lugar de la última como en los
    verbos regulares (EJEMPLO: **estuve, estuvo** en vez de **hablé, habló**).

Cambio	Infinitivo	Radical	Terminación
-u-	andar	anduv-	-e
	caber	cup-	-iste
	estar	estuv-	-o
	haber	hub-	-imos
	poder	pud-	-isteis
	poner	pus-	-ieron
	saber	sup-	
	tener	tuv-	
-i-	hacer	hic-[3]	-e
	querer	quis-	-iste
	venir	vin-	-o
	decir	dij-	-imos
			-isteis
			-ieron
-j-	decir	dij-	-e
	producir[4]	produj-	-iste
	traer	traj-	-o
			-imos
			-isteis
			-eron

2. Los verbos de la primera y de la segunda conjugación (**-ar** y **-er**) que
    cambian la vocal del radical en el presente no tienen ese cambio en el
    pretérito.

pensar	extender	volver
pens -é	extend -í	volv -í
-aste	-iste	-iste
-ó	-ió	-ió
-amos	-imos	-imos
-asteis	-isteis	-isteis
-aron	-ieron	-ieron

[3] ATENCIÓN: hice, hiciste, **hizo**, hicimos, hicisteis, hicieron

[4] Todos los verbos que terminan en **-ducir** se conjugan como **producir:** traducir, conducir, reducir, seducir, etc.

3. Los verbos de la tercera conjugación (**-ir**), que cambian el radical en el presente, sufren en el pretérito un cambio en la vocal de la tercera persona del singular y del plural.

e > i		o > u	
divertirse[5]		*dormir (morir)*	
me divertí	nos divertimos	dormí	dormimos
te divertiste	os divertisteis	dormiste	dormisteis
se div**i**rtió	se div**i**rtieron	d**u**rmió	d**u**rmieron

4. Los verbos que terminan en **-car, -gar** y **-zar** tienen un cambio en la primera persona del pretérito.

c > qu	buscar	(yo) bus**qué**
	sacar	(yo) sa**qué**
g > gu	llegar	(yo) lle**gué**
	pagar	(yo) pa**gué**
	jugar	(yo) ju**gué**
z > c	comenzar	(yo) comen**cé**
	almorzar	(yo) almor**cé**
	gozar	(yo) go**cé**

5. **Oír, caer** y los verbos que terminan en **-eer** y **-uir** tienen el siguiente cambio ortográfico en la tercera persona del singular y del plural del pretérito: **i > y**.

oír	caer	leer	creer	construir	distribuir
oí	caí	leí	creí	construí	distribuí
oíste	caíste	leíste	creíste	construiste	distribuiste
o**y**ó	ca**y**ó	le**y**ó	cre**y**ó	constru**y**ó	distribu**y**ó
oímos	caímos	leímos	creímos	construimos	distribuimos
oísteis	caísteis	leísteis	creísteis	construisteis	distribuisteis
o**y**eron	ca**y**eron	le**y**eron	cre**y**eron	constru**y**eron	distribu**y**eron

---

[5] Otros verbos que sufren estos cambios: conseguir, corregir, despedir, elegir, pedir, preferir, reír, repetir, seguir, sentir, servir, sugerir, vestirse.

ACTIVIDAD 12

A. *Supongamos que su familia ganó la lotería y ahora Ud. vive en su propio departamento. Cuéntele a un(a) compañero(a), usando el pretérito, lo que hizo el fin de semana pasado con tanto dinero.*

El fin de semana pasado yo...

B. *Ahora, escriba lo que hizo su compañero(a) durante su primer fin de semana como millonario. Entréguele el párrafo a su profesor(a) para que lo intercambien en clase.*

_____

_____

_____

_____

_____

_____

_____

_____

C. *Después de intercambiar los párrafos, trabajen en parejas para escribir un párrafo final en el que combinen la información de sus dos párrafos. Describan lo que hicieron los dos con todo su dinero durante el fin de semana.*

_____

_____

_____

_____

_____

_____

_____

_____

_____

_____

_____

D. *Finalmente, lean su párrafo en voz alta a la clase.*

El imperfecto del indicativo

A. LAS FORMAS DEL IMPERFECTO

Los verbos regulares tienen las siguientes terminaciones:

saludar	beber	asistir
salud -aba	beb -ía	asist -ía
-abas	-ías	-ías
-aba	-ía	-ía
-ábamos	-íamos	-íamos
-abais	-íais	-íais
-aban	-ían	-ían

Los verbos irregulares en el imperfecto son solamente tres:

ser	ir	ver
era	iba	veía
eras	ibas	veías
era	iba	veía
éramos	íbamos	veíamos
erais	ibais	veíais
eran	iban	veían

B. LOS USOS DEL PRETÉRITO Y DEL IMPERFECTO

En general, el pretérito narra las acciones que ocurrieron en un momento o momentos precisos en el pasado.

   El imperfecto describe acciones que transcurrían en un periodo de tiempo en el pasado. Estas acciones, que no se sabe exactamente cuándo empezaron ni cuándo terminaron, pueden expresarse de dos formas equivalentes:

   Cuando **caminaba** por la calle...

   Cuando **estaba caminando** por la calle...

Compare ahora los usos del pretérito con los del imperfecto.

El pretérito narra:

1. una acción que se completa en un pasado preciso.

   Mi primo **vino** a desayunar esta mañana.

   Anoche **me divertí** en la fiesta.

2. acciones sucesivas que se consideran terminadas en el pasado.

   El abuelo **compró** muchas juguetes y después los **colocó** debajo del árbol de Navidad.

   Me levanté muy temprano y **salí** a caminar.

El imperfecto describe:

1. acciones que se repiten en forma habitual en el pasado (INGLÉS: *would, used to).*

    Mi primo **venía** a desayunar todas las mañanas.

    Siempre **me divertía** en las fiestas.

2. acciones que ocurrían al mismo tiempo sin precisar la duración.

    La abuela **sonreía** mientras me daba su regalo.

    Llovía y **hacía** mucho frío.

3. escenas y condiciones que ocurrían en el pasado sin prestar atención a su duración o resultado (INGLÉS: *was/were + -ing form of the verb).*

    La novia **llevaba** un vestido blanco.

    Los invitados **miraban** a los novios.

    La madre **lloraba** de emoción.

4. características de las personas o cosas y descripciones de condiciones fisicas en el pasado.

    Era una muchacha con muchas ilusiones.

    La iglesia **estaba** llena de flores.

5. la hora y la edad en el pasado.

    Eran las once de la mañana.

    La novia **tenía** sólo quince años.

6. en la misma oración, el imperfecto puede describir el escenario o ambiente en el que otra acción (en el pretérito) parece interrumpir.

    Los jóvenes **se besaban** cuando **entró** su papá.

    Hacía buen tiempo pero de pronto **empezó** a llover.

C. EL PRETÉRITO Y EL IMPERFECTO DE LOS VERBOS *CONOCER, SABER, PODER* Y *QUERER*

Como resultado de la diferencia entre el pretérito y el imperfecto algunos verbos se traducen al inglés usando palabras diferentes.

conocer	*to know, be acquainted*	**Conocía** a María desde niño.
	to meet	Anoche **conocí** a María en la fiesta.
saber	*to know*	**Sabíamos** la verdad por muchos días.
	to find out	**Supimos** la verdad ayer.
poder	*to be able*	**Podía** hablar con ella a menudo.
	to manage to, succeed in	Por fin **pudo** hablar con ella.
querer	*to want*	**Quería** escapar pero no lo intenté.
	to try to	**Quise** escapar pero no pude.
no querer	*not to want*	**No quería** ir al cine pero fue.
	to refuse	**No quise** ir al cine.

ACTIVIDAD 13

A. *En el cuento «La casa nueva», busque diez verbos en el pretérito y diez en el imperfecto. Subráyelos con colores distintos.*

B. *En este cuento hay oraciones que narran y otras que describen. Busque cinco de cada una y escríbalas a continuación donde corresponda.*

Oraciones que narran:	**Oraciones que describen:**
I.	I.
2.	2.
3.	3.
4.	4.
5.	5.

ACTIVIDAD 14

¡Ahora te toca a ti! Escribe un pequeño párrafo explicando cómo era la casa en la que tú vivías cuando eras niño(a) y qué pasó en una ocasión especial.

_____

_____

_____

_____

_____

ACTIVIDAD 15

En grupos de cinco estudiantes, participe en el siguiente juego.

1. Los estudiantes de la clase forman dos círculos.
2. Un estudiante comienza el juego en cada círculo diciendo que ayer (la noche anterior, la semana pasada) vio a uno de sus ídolos de la televisión salir de un lugar.
3. El segundo compañero repite lo que recuerda y añade algo más.
4. Uno a uno los estudiantes van ampliando la increíble historia hasta completarla.

MODELO: Eschuchen lo que les voy a contar:
E.1   Anoche vi a... salir de un lugar muy extraño.
E.2   Anoche vi a... salir de un lugar muy extraño. Llevaba abrigo y pantalones negros.
E.3   Anoche vi a... salir de un lugar muy extraño. Llevaba abrigo y pantalones negros. Me pareció que iba con una muchacha morena.
E.4   ... ...

El verbo *hacer* en expresiones temporales

Para expresar el tiempo transcurrido, se emplea **hacer** en la tercera persona singular.

1. Cuando expresamos el tiempo transcurrido desde el momento en que comenzó una acción en el pasado y que todavía continúa.

> **hace** + tiempo + **que** + presente
> + presente progresivo

Hace dos años que **viven** allí.
Hace dos años que **están viviendo** allí.
They have [lived] been living there for two years.

2. Cuando expresamos el tiempo transcurrido desde el momento en que comenzó una acción en el pasado y que continuó hasta otro momento en el pasado.

> **hacía** + tiempo + **que** + imperfecto
> + pasado progresivo

Hacía dos horas que Virginia **estudiaba** (cuando la llamé).
Hacía dos horas que Virginia **estaba estudiando** (cuando la llamé).
Virginia had been studying for two hours (when I called her).

3. Cuando expresamos el tiempo transcurrido desde que terminó una acción (INGLÉS: *ago*).

> **hace** + tiempo + **que** + pretérito
> + imperfecto
> + pasado progresivo

Hace algunos días que Pablo **salió**.
(**Salió hace** algunos días).
Pablo left a few days ago.

Hace algunos días que **se preparaba** para salir.
Hace algunos días que **estaba preparándose** para salir.
He was preparing to leave a few days ago. [Lit.: He had been preparing to leave for a few days.]

ACTIVIDAD 16

A. *Responda a las siguientes preguntas usando el verbo **hacer**. Use su imaginación.*

1. ¿Cuánto tiempo hace que la niña vive en San Rafael?

   _____

2. ¿Cuánto tiempo hacía que la niña y su padre viajaban en el autobús?

   _____

3. ¿Cuánto tiempo hacía que la niña estaba recorriendo todas las habitaciones de la casa nueva cuando el hombre uniformado la interrumpió?

   _____

4. ¿Cuánto tiempo hace que ocurrió el incidente de la falsa ilusión?

   _____

5. ¿Cuánto tiempo hace que el padre promete cosas a la niña?

   _____

B. *Conteste estas preguntas personales usando el verbo **hacer**.*

1. ¿Cuánto tiempo hace que vive en su casa?

   _____

2. ¿Cuánto tiempo hace que estudia en esta escuela secundaria?

   _____

3. ¿Cuánto tiempo hace que Ud. no ha visto a sus abuelos?

   _____

4. ¿Cuánto tiempo hace que Ud. no va al cine ?

   _____

5. ¿Cuál fue el último regalo que recibió? ¿Cuánto tiempo hacía que Ud. no recibía un regalo?

   _____

ACTIVIDAD 17

*Traduzca las siguientes oraciones del inglés al español usando el verbo **hacer**.*

1. The girl has been living in San Rafael for six years.

   _____

2. The father has been waiting for seventeen years to win the lottery.

   _____

3. The girl had been admiring the house for forty-five minutes when the man in uniform called her.

   _____

4. This story happened ten years ago.

   _____

El presente perfecto y el pluscuamperfecto del indicativo

A. LAS FORMAS DEL PRESENTE PERFECTO Y DEL PLUSCUAMPERFECTO

Formamos el presente perfecto con el presente de **haber** y el participio pasado.
Recuerde que se forma el participio pasado con las siguientes terminaciones:

Infinitivo	Terminación	Participio pasado
ahorr**ar**	**-ado**	ahorr**ado**
vend**er**	**-ido**	vend**ido**
recib**ir**	**-ido**	recib**ido**

Formación del presente perfecto			
	ahorrar	**vender**	**recibir**
he has ha hemos habéis han	ahorrado	vendido	recibido

Algunos participios pasados son irregulares[6].

Terminación	Infinitivo	Participio pasado
-to	abrir	abierto
	cubrir	cubierto
	describir	descrito/descripto
	escribir	escrito
	morir	muerto
	poner	puesto
	resolver	resuelto
	romper	roto
	ver	visto
	volver	vuelto
-cho	decir	dicho
	hacer	hecho
	satisfacer	satisfecho
-so	imprimir	impreso

---

[6] Las formas compuestas de estos verbos llevan la misma irregularidad en el participio pasado:
suponer > supuesto; devolver > devuelto; descubrir > descubierto.

Formamos el pluscuamperfecto con el imperfecto de **haber** y el participio pasado.

Formación del pluscuamperfecto			
	pagar	**deber**	**pedir**
había habías había habíamos habíais habían	pagado	debido	pedido

B. LOS USOS DEL PRESENTE PERFECTO Y DEL PLUSCUAMPERFECTO

El presente perfecto expresa:

1. una acción que ha terminado en el pasado inmediato[7].

   He abierto una cuenta y ahora puedo ahorrar en el banco.

2. una acción pasada que continúa o puede repetirse en el presente.

   Esta empresa siempre **ha contratado** a los mejores trabajadores.

El pluscuamperfecto expresa:

1. una acción pasada, anterior a otra acción también pasada.

   Decidí cerrar mi cuenta corriente porque el banco **había tenido** problemas en los últimos meses.

ACTIVIDAD 18

*La narradora de «La casa nueva» dice al final: «Ni con el tiempo **he podido** olvidar: que [la casa nueva] iba a ser nuestra cuando se hiciera la rifa.» Aquí ella está usando el presente perfecto: **he podido**. Ahora escriba Ud. tres cosas que no **ha podido** olvidar desde su niñez.*

1. _____

   _____

2. _____

   _____

3. _____

   _____

---

[7] En ciertas regiones de España y en algunos países hispanoamericanos se usa el presente perfecto en lugar del pretérito para expresar una acción terminada en un pasado no muy reciente:
   Este año **he visitado** a mi tía tres veces.
   Jaime López **ha ganado** la carrera con un tiempo de diez segundos.

ACTIVIDAD 19

La narradora recuerda el día en que su papá la llevó a ver la casa nueva. Como se trata de algo que aconteció en el pasado, ella usa los tiempos pretérito y imperfecto.
   Imagine que la niña ha hecho el viaje esta mañana. En consecuencia, hay que cambiar los verbos al presente perfecto.

MODELO: ganó → **ha ganado**

1. Mi papá me llevó a ver la casa nueva.

   _____

2. El trayecto en el camión me pareció diferente.

   _____

3. Mi papá se detuvo antes de entrar en la casa.

   _____

4. A través de la reja vi por primera vez la casa nueva.

   _____

5. Abrí bien los ojos.

   _____

6. Me dieron ganas de saltar en la cama pero mi papá me detuvo.

   _____

7. Papá y yo pasamos por el cuarto de las niñas.

   _____

8. Yo imaginé que Ud. salió de su cuarto recién bañada, olorosa a durazno.

   _____

9. Corrí escaleras arriba a ver mi recámara.

   _____

10. El hombre uniformado me ordenó bajar.

   _____

ACTIVIDAD 20

*En otro momento la narradora dice que «miles de veces **habíamos recorrido** [la calle] Melchor Ocampo» antes de aquel día en que fue a ver la casa nueva con su papá. Para referirse a una acción pasada que es anterior a otra acción también pasada se usa el pluscuamperfecto: **habíamos recorrido**. ¿Recuerda Ud. el último Día de Acción de Gracias? Seguro que hubo una cena deliciosa en su casa. Escriba tres cosas que anteriormente **habían hecho** Ud. y su familia para preparar la cena y la fiesta de aquel día.*

1. _____

2. _____

3. _____

ACTIVIDAD 21

Ahora la niña cuenta todo lo que había hecho durante la visita a la casa nueva antes de volver a su casa verdadera. Cambie los verbos al pluscuamperfecto.

MODELO: ganó → **había ganado**

1. Mi papá me llevó a ver la casa nueva.

    _____

2. El trayecto en el camión me pareció diferente.

    _____

3. Mi papá se detuvo antes de entrar en la casa.

    _____

4. A través de la reja vi por primera vez la casa nueva.

    _____

5. Abrí bien los ojos.

    _____

6. Me dieron ganas de saltar en la cama pero mi papá me detuvo.

    _____

7. Papá y yo pasamos por el cuarto de las niñas.

    _____

8. Yo imaginé que Ud. salió de su cuarto recién bañada, olorosa a durazno.

    _____

9. Corrí escaleras arriba a ver mi recámara.

    _____

10. El hombre uniformado me ordenó bajar.

    _____

Gramática   **85**

Los pronombres en función de complemento

A. LAS FORMAS Y LOS USOS

A continuación se presentan los pronombres en función de complemento directo e indirecto, y un resumen de sus usos.

Complemento directo		Complemento indirecto	
me	nos	me	nos
te	os	te	os
lo[8], la	los[8], las	le	les

El complemento directo

1. El pronombre del complemento directo indica la persona o cosa sobre la que recae la acción del verbo.

   ¿Leíste el informe del presidente? → ¿**Lo** leíste?

   Conocí a[9] los jefes de venta. → **Los** conocí.

2. Cuando el pronombre en función de complemento directo es ambiguo, o se desea aclarar la persona, además del pronombre se menciona a la persona para evitar confusiones.

   Las vimos hoy { ¿**a ellas?** / ¿**a Uds.?**

   Las vimos **a ellas** hoy.

   ¿**Te** vi **a ti** o a Juan?

3. Se usa **lo** como pronombre del complemento invariable:

   a. para referirse a una idea o a conceptos ya expresados.

   —¿Enviará Ud. la carta? —**Lo** pensaré esta noche.

   Me dijo que pagaría la factura pero no **lo** hizo.

   b. cuando una frase consiste únicamente del verbo **ser** o **estar,** es generalmente en respuesta a una pregunta.

   —¿Es chileno el gerente? —Si, **lo** es.

   —¿Están cerradas las puertas? —No, no **lo están.**

   c. con los verbos **decir, pedir, preguntar** y **saber** cuando no se expresa el complemento.

   —¡Eres tan inteligente! —Si, **lo** sé.

   —Pídaselo, por favor. —No se **lo** digas a Rito.

---

[8] En algunas regiones de España e Hispanoamérica se usa **le** y **les** en lugar de los complementos directos **lo** y **los** cuando se refieren a personas:

   ¿Viste a Juan? —Sí, **le** vi.

   Les vimos hoy.

[9] Recuerde que cuando la acción recae sobre una persona se usa la **a** personal.

El complemento indirecto

1. El pronombre del complemento indirecto indica a quién o para quién se efectúa una acción.

   Me dio la mano.

   Le presté dinero.

   ¿**Nos** hiciste una pregunta?

2. Cuando el pronombre en función de complemento indirecto es ambiguo, o se desea aclarar la persona además del pronombre, se menciona a la persona para evitar confusiones.

   Le dimos el descuento $\left\{\begin{array}{l} \textbf{¿a él?} \\ \textbf{¿a ella?} \\ \textbf{¿a Ud.?} \end{array}\right.$

   Le dimos el descuento al cliente.

   ¿**Te** di el dinero **a ti** o a Juan?

3. El pronombre del complemento indirecto se usa con verbos de comunicación como **decir, pedir, preguntar, rogar** y con verbos como **agradecer, ayudar, impedir, pagar** y **prohibir** para indicar a quién se dirige la acción.

   Le pregunté si era rico.

   Les agradecemos el regalo.

   Te prohibo que salgas.

B. POSICIÓN DE LOS PRONOMBRES DEL COMPLEMENTO

	Complemento directo	**Complemento indirecto**
Con verbo conjugado:	**Las** vi hace dos horas.	**Nos** entregó los documentos.
Con verbo compuesto:	Ya **lo** había hecho.	**Le** hemos escrito la carta.
Con infinitivo:	Traté de resolver**lo** anoche.	Debemos pagar**le** mañana.
	Lo traté de resolver anoche.	**Le** debemos pagar mañana.
Con gerundio:	Están calculándo**lo** ahora.	Ésta cambiándo**le**[10] dinero.
	Lo están calculando ahora.	**Le** está cambiando dinero.
Con mandato afirmativo:	Entréga**lo** hoy.	Cómpre**me** las acciones.
Con mandato negativo:	No **lo** entregues hoy.	No **me** compre las acciones.

C. POSICIÓN DE DOS PRONOMBRES EN LA MISMA ORACIÓN

1. El pronombre del complemento indirecto precede al complemento directo.
    Me enviaron **los documentos** por correo aéreo. → **Me los** enviaron.

2. Se usa el pronombre **se** en lugar de **le** y **les** delante de los pronombres **lo, la, los** y **las**.
    Les mandaré **la mercadería** a Uds. → **Se la** mandaré a Uds.

3. El pronombre reflexivo siempre precede al pronombre del complemento.
    Me lavé **las manos** → **Me las** lavé.
    Te miras **los dientes** en el espejo. → **Te los** miras.

ACTIVIDAD 22

La niña les cuenta a unas amigas la experiencia de la supuesta casa nueva. Sustituya las palabras entre paréntesis por el pronombre correspondiente de complemento directo (me, te, lo, la, nos, los, las).

Ayer fui a ver la casa nueva. Mi papá _____ llevó (a mí) a ver _____ (la casa nueva). Él nos _____ había prometido (la casa nueva) hace mucho tiempo a mis hermanos y a mí. Primero me llevó a mi cuarto. Yo no _____ imaginaba (mi cuarto) tan grande. Después me mostró las otras recámaras. También eran bonitas pero no _____ encontré (las otras recámaras) tan lindas como la mía. Me acordé de Uds. y pensé invitar _____ (a Uds.) a la casa nueva. ¡Qué disgusto cuando papá me dijo que la casa nueva sería nuestra cuando se hiciera la rifa!

---

[10]Recuerde Ud. que el gerundio y el mandato afirmativo exige un acento escrito cuando se añaden uno o dos pronombres; el infinitivo exige acento escrito si se añaden dos pronombres.

ACTIVIDAD 23

*Una de sus amigas le responde a la niña sobre la casa nueva. Sustituya las palabras entre paréntesis por el pronombre correspondiente de complemento indirecto (**me, te, le [se], nos, les [se]**). Añada una tilde cuando haga falta.*

—También mi papá _____ dijo (a mí) que nos compraría una casa nueva, pero no le creí porque él siempre _____ hacía promesas (a nosotros) que luego no podía cumplir. Un día yo _____ dije (a Uds., mis amigas) que pronto tendría una casa nueva. ¡Qué vergüenza sentí cuando me di cuenta de que nunca podría mostrar _____ la (a Uds.) porque no podíamos comprarla!

—Ya _____ advertí (a ti) que te pasaría lo mismo.

ACTIVIDAD 24

*Reescriba la frase sustituyendo las palabras entre paréntesis por el pronombre correspondiente de complemento indirecto (**me, te, le [se], nos, les [se]**) o directo (**me, te, lo, la, nos, los, las**). Además, asegúrese de colocar los pronombres en su lugar correspondiente. Añada una tilde cuando haga falta.*

MODELO: El papá hizo (una promesa) (a la niña).
El papá **se la** hizo.

1. La narradora cuenta (a nosotros): «Mi papá me había prometido una casa nueva y llevó (a mí) a ver (la casa nueva)».

   _____

   _____

2. El papá había dicho anteriormente (a la niña): «Necesitas una camita. Voy a comprar (la camita) (a ti)».

   _____

   _____

3. La narradora le habla a su mamá sobre ciertas promesas y dice (a su mamá) que se niega a olvidar (ciertas promesas).

   _____

   _____

4. Ella vivía en la colonia San Rafael pero no quería recordar (la colonia San Rafael).

   _____

   _____

5. El papá dijo (a la niña) antes de entrar en la casa nueva: «¡Mira (la casa)!»

   _____

   _____

Gramática   **89**

6. Al entrar fueron a una recámara. Cuando estaba mostrando (la recámara) (a la niña), el papá dijo: «Ésa es tu cama pero ¡no toques (la cama)!»

_____

_____

7. Cuando entraron a la recámara de los niños el papá dijo (a Ud.): «Ellos tienen muchos cochecitos y soldados. Van a poner (los cochecitos y los soldados)» acá.

_____

_____

8. La narradora cuenta (a Uds.): «Mi papá me mostró su cuarto para hacer dibujos. Yo encerré (a mi papá) allá para que hiciera (sus dibujos)».

_____

_____

9. Cuando pensó en sus padres, la niña imaginó que esperaría (a sus padres) en la casa nueva, y que hornearía muchos panes para saborear (los panes) despacito.

_____

_____

10. La niña quería quedarse en la casa nueva y deseaba decir (eso) (a su padre): «¡Permita (eso) (a mí)!» pero con seguridad él respondería: «¡Eso no es posible. No pidas (eso) (a mí)!»

_____

_____

ACTIVIDAD 25

*Después de la mala experiencia con la casa nueva la niña escribe una carta a los Reyes Magos, pero ella no sabe que a los reyes hay que tratarlos de **Ud.**, no de **tú**. Escriba de nuevo la carta haciendo todos los cambios necesarios en los verbos y en los pronombres de complemento directo e indirecto.*

Queridos Melchor, Gaspar y Baltasar:

Les escribo esta carta para pedirles tres regalos muy importantes para mejorar mi vida y la de mi familia.

Tú, Melchor, ya sabes que vivo en una casa muy vieja, por eso te pido que me traigas una nueva. Mi papá me prometió una pero no cumplió su promesa. Tú me hiciste un buen regalo el año pasado. ¡A ver si puedes cumplir mis deseos también esta vez! Te quiero mucho.

Tú, Gaspar, viste que en mi familia vamos en camión a todas partes. A ti te pido un carro para que mi papá pueda llevarnos a mis hermanitos y a mí a todos los parques y los cines de la ciudad. Tú me trajiste un regalo estupendo el año pasado. ¡No querrás ser menos este año! A ti también te quiero mucho.

Tú, Baltasar, dijiste que yo era una niña buena, ¿cierto? Precisamente por eso a ti te exijo un papá nuevo que sea tan bueno como yo y que cumpla sus promesas. ¿Qué te parece si me traes un papá que prometa mucho para que así cumpla mucho? No estaré exigiendo demasiado, ¿verdad? Si me concedes este regalo, a ti te voy a querer todavía más.

Ojalá que tengan un buen año. Y ahora, me despido de Uds. a la espera de sus regalos.

_____

_____

_____

_____

_____

_____

_____

_____

_____

_____

_____

_____

_____

_____

_____

_____

Usos especiales del pronombre *se*

El **se** indefinido expresa una actividad generalizada sin indicar quién ejecuta la
acción. Se traduce al inglés con *one, people, they.*

> **se** indefinido: **se** + 3ª persona singular o plural del verbo

Se aprende mucho viajando.	*One can learn a lot by traveling.*
Se dice que mi empresa tiene problemas.	*They say that my company has problems.*
Hay quienes creen que **se nace** con suerte o no.	*People say that you're either born lucky or unlucky.*

ACTIVIDAD 26

*La narradora del cuento dice que le gustaría quedarse en la casa nueva y que
«hornearía muchos panes para saborearlos despacito». ¿Hay algo que le guste
cocinar a Ud., por fácil que sea? Seguro que sí.*

*Escriba en unas líneas cómo se cocina su plato favorito utilizando el pronombre
se indefinido. Si no sabe cocinar, escriba cómo se prepara su sándwich favorito.
Después intercambie su receta con otros compañeros.*

MODELO: Para hacer panes se mezclan la harina, el agua, la levadura y la sal. Se
amasan todos los ingredientes y se deja reposar la masa hasta que
ascienda. Se corta la masa en pedazos y se meten al horno. Se dejan
cocer por veinte minutos o hasta que estén dorados.

_____

_____

_____

_____

_____

_____

_____

_____

_____

_____

_____

_____

Un paso más

✦ Algunas conjunciones subordinantes

A. LA EXPRESIÓN DE CAUSA O RAZÓN: *PORQUE Y COMO*

because {

porque: La niña no cree en la suerte **porque** su papá no se sacó la lotería.

como: **Como** su papá no se sacó la lotería, la niña no cree en la suerte.

1. La conjunción o palabra de enlace más común para expresar una causa en español es **porque**. Esta conjunción equivale al *because* del inglés.

   La niña no cree en la suerte **porque** su papá no se sacó la lotería.
   The little girl does not believe in luck because her father did not win the lottery.

2. Sin embargo, hay una diferencia: en inglés la frase puede empezar con *because*, mientras que en español no decimos **porque** al comienzo. En este caso, se puede usar la conjunción **como** en lugar de **porque**.

   Como su papá no se sacó la lotería, la niña no cree en la suerte.
   Because her father did not win the lottery, the little girl does not believe in luck.

3. La conjunción **como** tiene otros sentidos, además del causal.
   a. MODO: Hice la tarea **como** me dijo mi profesor(a).
   b. COMPARACIÓN: La casa vieja no tenía tantas habitaciones **como** ésta.

4. Otras conjunciones de causa son **ya que**, **puesto que** y **dado que**.

   Ya que su papá no se sacó la lotería, la niña no cree en la suerte.
   Puesto que su papá no se sacó la lotería, la niña no cree en la suerte.
   Dado que su papá no se sacó la lotería, la niña no cree en la suerte.

B. LA EXPRESIÓN DE CONSECUENCIA: *TAL / TAN / TANTO(A, OS, AS)... QUE*

1. Para expresar una consecuencia podemos usar la expresión **tal / tan / tanto(-a, -os, -as)... que**.

   Había **tal** distancia hasta la colonia Anzures **que** cogieron el camión.
   La casa nueva era **tan** linda **que** la niña quería quedarse para siempre.
   El papá había dejado de cumplir **tantas** promesas **que** la niña ya no lo tomaba en serio.

2. Se puede expresar la misma idea con las frases **por eso** o **en consecuencia**:

> Había una gran distancia hasta la casa nueva, **por eso** cogieron el camión.
>
> El papá había dejado de cumplir muchas promesas. **En consecuencia,** la niña ya no lo tomaba en serio.

ACTIVIDAD 27

*Rellene los espacios en blanco utilizando **porque** o **como**.*

El papá se llevó a la niña _____ quería enseñarle la casa nueva. _____ estaba muy lejos, tuvieron que ir en camión. Antes de entrar a la casa nueva, se detuvieron afuera _____ el padre quería que su hija la admirara. En la casa vieja no había tantas recámaras _____ en la nueva. _____ ya se estaba acabando la hora de visita, tuvieron que salir de la casa nueva. La niña sintió que se le salía el corazón por la boca _____ se dio cuenta de que la casa nueva no iba a ser para ella.

ACTIVIDAD 28

*Reescriba las siguientes oraciones utilizando **tal / tan / tanto(-a, -os, -as)... que**.*

1. La niña tenía poco espacio en su casa vieja y por eso quería una casa nueva.

   _____
   _____

2. En la casa nueva había muchas habitaciones y la niña tendría la suya propia.

   _____
   _____

3. Había gran belleza en la casa nueva y a la niña le parecía irreal.

   _____
   _____

4. La niña se sintió muy defraudada y ya no creyó nunca más en las promesas de su padre.

   _____
   _____

COMPOSICIÓN

La promesa

En una hoja aparte, escriba acerca de una experiencia propia con una promesa que al final se cumplió o no se cumplió. Utilice los verbos en pretérito para narrar y en el imperfecto para describir. Incluya por lo menos los siguientes datos y escriba aproximadamente una composición de cinco párrafos.

1. Quién y cómo era la persona que le hizo la promesa.
2. Qué le prometió.
3. Cuándo o cuánto tiempo hace que le hizo la promesa.
4. Por qué le prometió algo a Ud.
5. Si se cumplió o no la promesa.
6. Por qué se cumplió o no se cumplió.
7. Cómo se sintió Ud. al final.

Antes de entregar la composición, revise cuidadosamente la ortografía y los verbos.

Lectura introductoria

⚜ Presentación de la lectura: «El almohadón de pluma»

¿Sabía Ud. que... ?

Años atrás, un almohadón de pluma solía ser un elemento primordial en el ajuar de toda joven pareja. Sin embargo, hoy en día los almohadones de pluma no son tan comunes, y son pocas las personas que poseen uno. El incremento de reacciones alérgicas respiratorias debido al contacto con este elemento natural es una de las razones por la cual mucha gente ha optado por la alternativa sintética. No obstante, recostarse sobre un almohadón de pluma sigue una sensación extremadamente relajante, que invita a soñar.

Este cuento, perteneciente a la colección «Cuentos de amor de locura y de muerte» del escritor uruguayo Horacio Quiroga, es una obra ejemplar de descripciones que intensifican el misterio de una joven pareja de recién casados. Horacio Quiroga es considerado uno de los mejores cuentistas de Hispanoamérica.

Antes de leer

Charle con un(a) compañero(a) de clase y respondan a las siguientes preguntas.

1. ¿Le gustaría dormir sobre un almohadón de pluma? ¿Qué tipo de almohada usa Ud.?
2. Hable sobre las ventajas y las desventajas de usar un almohadón de pluma.
3. ¿Sabe Ud. cuáles son los meses del otoño en Sudamérica?
4. ¿Cómo imagina Ud. los primeros meses de su vida matrimonial?
5. Hable sobre alguna enfermedad incurable en las últimas dos décadas.

⚜ La lectura

El almohadón de pluma

de Horacio Quiroga

Su luna de miel fue un largo escalofrío. Rubia, angelical y tímida, el carácter duro de su marido heló sus soñadas niñerías de novia. Lo quería mucho, sin embargo, a veces con un ligero estremecimiento cuando volviendo de noche juntos por la calle, echaba una furtiva mirada a la alta estatura de Jordán, mudo desde hacía una hora. Él, por su parte, la amaba profundamente, sin darlo a conocer.

Durante tres meses —se habían casado en abril— vivieron una dicha especial. Sin duda hubiera ella deseado menos severidad en ese rígido cielo de amor, más expansiva e incauta ternura; pero el impasible semblante de su marido la contenía siempre.

La casa en que vivían influía un poco en sus estremecimientos. La blancura del patio silencioso —frisos, columnas y estatuas de mármol— producía una otoñal impresión de palacio encantado. Dentro, el brillo glacial del estuco, sin el más leve rasguño en las altas paredes, afirmaba aquella sensación de desapacible frío. Al cruzar de una pieza a otra, los pasos hallaban eco en toda la casa, como si un largo abandono hubiera sensibilizado su resonancia.

En ese extraño nido de amor, Alicia pasó todo el otoño. No obstante, había concluido por echar un velo sobre sus antiguos sueños, y aún vivía dormida en la casa hostil, sin querer pensar en nada hasta que llegaba su marido.

No es raro que adelgazara. Tuvo un ligero ataque de influenza que se arrastró insidiosamente días y días; Alicia no se reponía nunca. Al fin una tarde pudo salir al jardín apoyada en el brazo de él. Miraba indiferente a uno y otro lado. De pronto Jordán, con honda ternura, le pasó la mano por la cabeza, y Alicia rompió enseguida en sollozos, echándole los brazos al cuello. Lloró largamente todo su espanto callado, redoblando el llanto a la menor tentativa de caricia. Luego los sollozos fueron retardándose y aún quedó largo rato escondida en su cuello, sin moverse ni decir una palabra.

Fue ese el último día que Alicia estuvo levantada. Al día siguiente amaneció desvanecida. El médico de Jordán la examinó con suma atención, ordenándole calma y descanso absolutos.

—No sé —le dijo a Jordán en la puerta de la calle, con la voz todavía baja—. Tiene una gran debilidad que no me explico, y sin vómitos, nada... Si mañana se despierta como hoy, llámeme enseguida.

Al otro día Alicia seguía peor. Hubo consulta. Constatóse una anemia de marcha agudísima, completamente inexplicable. Alicia no tuvo más desmayos, pero se iba visiblemente a la muerte. Todo el día el dormitorio estaba con las luces prendidas y en pleno silencio. Pasábanse horas sin oír el menor ruido. Alicia dormitaba. Jordán vivía casi en la sala, también con toda la luz encendida. Paseábase sin cesar de un extremo a otro, con incansable obstinación. La alfombra ahogaba sus pasos. A ratos entraba en el dormitorio y proseguía su mudo vaivén a lo largo de la cama, mirando a su mujer cada vez que caminaba en su dirección.

Pronto Alicia comenzó a tener alucinaciones, confusas y flotantes al principio, y que descendieron luego a ras del suelo. La joven, con los ojos desmesuradamente abiertos, no hacía sino mirar la alfombra a uno y otro lado del respaldo de la cama. Una noche se quedó de repente mirando fijamente. Al rato abrió la boca para gritar, y sus narices y labios se perlaron de sudor.

—¡Jordán! ¡Jordán! —clamó, rígida de espanto, sin dejar de mirar la alfombra.

Jordán corrió al dormitorio, y al verlo aparecer Alicia dio un alarido de horror.

—¡Soy yo, Alicia, soy yo!

Alicia lo miró con extravío, miró la alfombra, volvió a mirarlo, y después de largo rato de estupefacta confrontación, se serenó. Sonrió y tomó entre las suyas la mano de su marido, acariciándola temblando.

Entre sus alucinaciones más porfiadas, hubo un antropoide, apoyado en la alfombra sobre los dedos, que tenía fijos en ella los ojos.

Los médicos volvieron inútilmente. Había allí delante de ellos una vida que se acababa, desangrándose día a día, hora a hora, sin saber absolutamente cómo. En la última consulta Alicia yacía en estupor mientras ellos la pulsaban, pasándose de uno a otro la muñeca inerte. La observaron largo rato en silencio y siguieron al comedor.

—Pst... —se encogió de hombros desalentado su médico—. Es un caso serio... poco hay que hacer...

—¡Sólo eso me faltaba! —resopló Jordán. Y tamborileó bruscamente sobre la mesa.

Alicia fue extinguiéndose en subdelirio de anemia, agravado de tarde, pero que remitía siempre en las primeras horas. Durante el día no avanzaba su enfermedad, pero cada mañana amanecía lívida, en síncope casi. Parecía que únicamente de noche se le fuera la vida en nuevas olas de sangre. Tenía siempre al despertar la sensación de estar desplomada en la cama con un millón de kilos encima. Desde el tercer día este hundimiento no la abandonó más. Apenas podía mover la cabeza. No quiso que le tocaran la cama, ni aun que le arreglaran el almohadón. Sus terrores crepusculares avanzaron en forma de monstruos que se arrastraban hasta la cama y trepaban dificultosamente por la colcha.

Perdió luego el conocimiento. Los dos días finales deliró sin cesar a media voz. Las luces continuaban fúnebremente encendidas en el dormitorio y la

Lectura introductoria   **99**

sala. En el silencio agónico de la casa, no se oía más que el delirio monótono que salía de la cama, y el rumor ahogado de los eternos pasos de Jordán.

Murió, por fin. La sirvienta, que entró después a deshacer la cama, sola ya, miró un rato extrañada el almohadón.

—¡Señor! —llamó a Jordán en voz baja—. En el almohadón hay manchas que parecen de sangre.

Jordán se acercó rápidamente y se dobló a su vez. Efectivamente, sobre la funda, a ambos lados del hueco que había dejado la cabeza de Alicia, se veían manchitas oscuras.

—Parecen picaduras —murmuró la sirvienta después de un rato de inmóvil observación.

—Levántelo a la luz —le dijo Jordán.

La sirviente lo levantó, pero en seguida lo dejó caer, y se quedó mirando a aquél, lívida y temblando. Sin saber por qué, Jordán sintió que los cabellos se le erizaban.

—¿Qué hay? —murmuró con la voz ronca.

—Pesa mucho —articuló la sirviente, sin dejar de temblar.

Jordán lo levantó; pesaba extraordinariamente. Salieron con él, y sobre la mesa del comedor Jordán cortó funda y envoltura de un tajo. Las plumas superiores volaron, y la sirvienta dio un grito de horror con toda la boca abierta, llevándose las manos crispadas a los bandos: —sobre el fondo, entre las plumas, moviéndose lentamente las patas velludas, había un animal monstruoso, una bola viviente y viscosa. Estaba tan hinchado que apenas se le pronunciaba la boca.

Noche a noche, desde que Alicia había caído en cama, había aplicado sigilosamente su boca —su trompa, mejor dicho— a las sienes de aquélla, chupándole la sangre. La picadura era casi imperceptible. La remoción diaria del almohadón había impedido sin duda su desarrollo, pero desde que la joven no pudo moverse, la succión fue vertiginosa. En cinco días, en cinco noches, había vaciado a Alicia.

Estos parásitos de las aves, diminutos en el medio habitual, llegan a adquirir en ciertas condiciones proporciones enormes. La sangre humana parece serles particularmente favorable, y no es raro hallarlos en los almohadones de pluma.

Después de leer

Responda a las siguientes preguntas basándose en el cuento «El almohadón de pluma».

1. ¿Cuánto tiempo llevan de casados Alicia y Jordán?

   _____

2. ¿Cómo describe el narrador a Alicia?

   _____

3. ¿Cuál es la semejanza entre la casa y la personalidad de Jordán?

   _____

4. ¿Por qué se siente tan sola Alicia?

   _____

5. ¿Cómo es la relación entre ellos?

   _____

6. ¿Cuáles son los síntomas de la enfermedad de Alicia?

   _____

7. Antes de descubrirse el animal en el almohadón, ¿qué causa sugiere el relato para la enfermedad de Alicia?

   _____

8. ¿Qué vio Alicia en una de sus alucinaciones?

   _____

9. ¿Cuál es la verdadera causa de la muerte de Alicia?

   _____

10. ¿Cómo justifica el narrador la presencia de un animal monstruoso dentro del almohadón de pluma?

   _____

Ortografía

⁓ Las letras **g** *(ge, gi)* y **j**

La letra **g** (sólo en las combinaciones **ge** y **gi**) suena igual que la letra **j** con cualquier vocal. El sonido es similar a la /h/ del inglés, aunque más fuerte.

jamón	mu**j**er	**j**irafa	conse**j**o	in**j**usticia	relo**j**
rela**j**arse	**g**eneral	diri**g**ir	**j**ornada	**j**uguete	
	e**j**ercicio	**g**irar			
	e**j**emplo	**j**itomate			

A. EL USO DE LA **G**

1. Se escriben con **g** casi todos los verbos que terminan con /-her/ o /-hir/.

    co**g**er   Para ir a la universidad co**g**íamos el autobús todos los días.

    diri**g**ir Me gustaría diri**g**ir películas como las que diri**g**ió Orson Welles.

    esco**g**er ¿Ya esco**g**iste las clases que vas a tomar este semestre?

    exi**g**ir Sus padres le exi**g**en que haga todas sus tareas.

    ¡OJO! Cuidado con algunas formas de estos verbos:

    Yo co**j**o el autobús todos los días.
    Cuando diri**j**a películas seré muy famoso.

2. Llevan **g** casi todas las combinaciones /hen/.

    gente   a**g**ente   ori**g**en   sar**g**ento

B. EL USO DE LA **J**

1. Para representar los sonidos /ha/, /ho/ y /hu/ tenemos que usar necesariamente la **j**:

    a. en palabras como **j**abón, **j**oven, **j**unio (y las que están en la lista al principio de la página).

    b. en los verbos terminados en **-jar** y todos sus derivados.

    traba**j**ar Ayer traba**j**é cuatro horas.

    via**j**ar   Cuando via**j**es al extran**j**ero lleva tu pasaporte.

    de**j**ar   No de**j**es de enviarme una postal.

2. Se usa la **j** en casi todas las combinaciones en /-hero(a)/.

    pasa**j**ero(a)   extran**j**ero(a)

3. Llevan **j** casi todas las terminaciones en /-ahe/.

    equipa**j**e   gara**j**e   mensa**j**e

4. Se escriben con **j** algunos tiempos de los verbos que terminan en **-ducir** y del verbo **decir**.

decir   No nos di**j**iste que llegarías hoy.
pro**ducir**   Produ**j**eron esa película en Hollywood.
tra**ducir**   La profesora nos pidió que tradu**j**éramos diez páginas.

ACTIVIDAD 1

*Traduzca las siguientes oraciones del inglés al español. Preste atención al uso de la **g** (**ge**, **gi**) y **j**.*

1. People know very little about birds and their parasites.

_____

2. The doctor wrote a three page diagnosis on the young patient.

_____

3. Because of her condition, he has to make constant trips to the capital.

_____

4. I need to catch the bus in five minutes if I don't want to get there late.

_____

5. I asked someone to translate my message because he did not speak the same language.

_____

ACTIVIDAD 2

*Con la ayuda de un diccionario, llene este cuadro escribiendo palabras que contengan las combinaciones de consonantes **ge**, **gi** o **j**.*

	ge	**gi**	**j**
Nombre de persona			
Animal			
Comida			
País			
Flor o planta			
Profesión			

Las combinaciones *ga, gue, gui, go, gu*

1. Se escriben con **g** las combinaciones **ga, go,** y **gu.**

   A Andrea le **gu**stan los **ga**tos.
   Durante la tormenta cayeron unas pocas **go**tas de a**gu**a.

   ATENCIÓN: Recuerde que **ge** y **gi** suenan /he/, /hi/.

   POR EJEMPLO: La **ge**nte debe diri**gi**r el gobierno.

2. Se escriben con **gu** sólo las combinaciones **gue** y **gui.** La **u** que sigue a la **g** no tiene sonido.

   Los soldados perdieron la **gue**rra porque no tenían un **guí**a.

   ATENCIÓN: Recuerde que en los verbos que terminan en **-gar** la **g** cambia a **gu** cuando va seguida de **e.**

   | apa**gar** | apa**go** | apa**gué** |
   | encar**gar** | encar**gas** | encar**gue**s |

3. Cuando queremos indicar que la **u** de **gue** y **gui** sí suena, se usa la diéresis (**ü**).

   En mi primer día de clase averi**güé** que hay muchos estudiantes bilin**güe**s.
   Siempre ofrece **güi**squi a sus invitados.

Ortografía   **105**

ACTIVIDAD 3

Encuentre las siguientes palabras en la sopa de letras.

agonía	rígida	juego	fijamente
sigilosamente	juntas	grito	siguiente
desangrándose	joven	Jordán	proseguir
siguieron	rasguño	tajo	enseguida
extinguiéndose	largo	ahogaba	gustar
adelgazar	mujer	jardín	general

```
A  S  E  N  S  E  G  U  I  D  A  X  S  Ñ  X  A  Z  P
T  I  H  G  U  S  T  A  R  A  Y  G  A  V  B  G  H  R
R  G  L  A  R  G  O  M  U  J  E  R  O  R  R  R  G  O
I  I  H  D  S  C  R  Z  A  U  S  I  A  N  A  A  E  S
G  L  V  E  N  J  O  V  E  N  F  T  H  D  I  V  N  E
U  O  P  L  U  X  S  U  G  T  R  O  A  N  E  A  E  G
I  S  V  G  R  I  G  I  D  A  B  I  C  G  Z  R  R  U
D  A  C  A  I  A  G  X  G  S  A  Ñ  G  Y  O  S  A  I
A  M  A  Z  J  C  S  Z  B  U  H  A  Y  D  V  E  L  R
T  E  H  A  I  F  E  G  O  C  I  L  N  O  A  Y  I  X
S  N  O  R  D  R  V  J  U  N  T  E  S  T  S  T  Z  O
L  T  G  J  O  A  H  O  G  Ñ  I  X  N  A  F  D  R  Z
F  E  A  H  V  J  Z  R  H  U  O  R  X  T  R  E  K  F
X  O  B  A  S  J  U  E  G  O  Z  C  F  O  E  A  V  Ñ
E  S  A  N  G  R  A  N  D  O  S  E  G  U  I  R  E  X
M  V  J  A  R  D  I  N  T  B  R  Y  G  A  B  I  D  H
F  I  J  A  M  E  N  T  E  M  H  J  O  R  D  A  N  C
D  E  S  A  G  R  A  N  D  O  S  E  X  G  A  R  D  I
```

Gramática

⸎ La preposición *a*

A. LA *A* PERSONAL

La preposición **a** se usa como **a** personal:

1. cuando el complemento directo es una persona, un animal, una cosa o una idea personificada.

    > El empleado no oyó **a** su jefe.
    > Los ricos no temen **a** la muerte.
    > Busco **a** mi perro Tico.
    >
    > PERO:
    >
    > Busco mi libro.

2. con los pronombres indefinidos **alguien, nadie, alguno, ninguno, cualquiera** cuando se refieren a un ser animado.

    > —¿Conoces **a** alguien que haya tenido ese trabajo?
    > —No, no conozco **a** nadie.

3. ATENCIÓN: Se omite la **a** personal:

    a. después del verbo **tener**.
        > —¿Tienes muchos parientes?
        > —No, sólo tengo un hermano.

    b. cuando las personas son indefinidas.
        > Busco un hombre viejo que recuerde cómo era el pueblo hace cincuenta años.

B. OTROS USOS DE LA PREPOSICIÓN *A*

La preposición **a** se usa también:

1. para introducir el complemento indirecto. *(to, for)*

    > Nos debe dinero **a** nosotros.
    > Le escribió una carta **a** Luis.

2. después de un verbo de movimiento (**ir, venir, bajar, subir, dirigirse, acercarse**), para indicar dirección hacia una persona, cosa o lugar. *(to)*

    > Se va al[1] Perú para hacer las investigaciones.
    > Nos acercamos con gran respeto **al** Presidente.

---

[1] Recuerde que la preposición **a** y el artículo **el** forman la contracción **al**.

Gramática   **107**

3. para designar la hora a la que ocurre una acción. *(at)*

> Terminamos **a** las siete de la noche.
> **A** las ocho llegué a casa.

4. para señalar lo que ocurrió después de un período de tiempo. *(at, on, within)*

> **A** los dos meses de conocerse, se casaron.
> **Al** día siguiente volvieron al sitio.

5. seguida de un sustantivo para indicar manera o método. *(by)*

> Antes la gente prefería pagar **al** contado.
> Escribieron el informe **a** máquina.

6. para indicar dos acciones que ocurren al mismo tiempo: **al + infinitivo**. *(upon)*

> Se me ocurrió esa idea **al** entrar en el banco.
> **Al** volar siento que me muero de miedo.

ACTIVIDAD 4

*Escriba una oración usando la preposición **a** o **al**, de acuerdo a las siguientes reglas.*

1. Cuando el complemento directo es una persona.

   _____

   _____

2. Con el pronombre indefinido **alguno**.

   _____

   _____

3. Para introducir un complemento indirecto.

   _____

   _____

4. Seguida de un sustantivo para indicar manera o método.

   _____

   _____

5. Para indicar dos acciones que ocurren al mismo tiempo. **(al + infinitivo)**

   _____

   _____

ACTIVIDAD 5

*Complete el diálogo entre el doctor y Jordán sobre la salud de Alicia con las preposiciones **a** o **al**, según convenga. Deje el espacio en blanco si no se necesita la preposición.*

JORDÁN: ¿Qué busca Ud., doctor?

MÉDICO: Busco _____ los resultados de la prueba de sangre que le hice _____ Alicia ayer.

JORDÁN: Creo haber visto unos papeles _____ costado de la lámpara, sobre la mesita de noche.

MÉDICO: Ahora recuerdo. Fui _____ verla tan pronto llegué porque sufría de otra alucinación.

JORDÁN: ¿Encuentra alguna mejora? Ella teme mucho _____ la muerte.

MÉDICO: Lamento decirle que empeora. Mañana viajo _____ la ciudad para consultar con un especialista.

JORDÁN: No conozco _____ nadie más capacitado que Ud.

MÉDICO: Le agradezco la confianza, pero consultaré _____ jefe de enfermedades sanguíneas.

JORDÁN: Muy bien, como Ud. diga. _____ este punto estoy dispuesto _____ buscar _____ otro médico, así se encuentre _____ otro lado del mundo.

Largavida

Nombre _____ Fecha _____

ACTIVIDAD 6

Ud. es el(la) recepcionista del Doctor Largavida. El señor Jordán Malasuerte entra al consultorio y desea hablar con el doctor sobre su joven esposa que está muy enferma.

A. *Complete el diálogo con las preposiciones **a** o **al** donde convenga.*

RECEPCIONISTA: Buenos días, ¿En qué puedo servirle?

JORDÁN: Deseo hablar con el médico personalmente.

RECEPCIONISTA: Lo siento, pero el médico tuvo que salir _____ valle.

JORDÁN: ¡Qué lástima! Mi tren sale _____ las 2:00 de la tarde. ¿_____ qué hora va _____ regresar el médico?

RECEPCIONISTA: Regresará _____ las cuatro de la tarde del día de mañana. Las carreteras se han cerrado por las lluvias torrenciales.

JORDÁN: ¿Puedo escribirle una nota? Iré _____ hotel de la esquina.

RECEPCIONISTA: No se preocupe, le entregaré su mensaje mañana _____ primera hora.

B. *Ahora imagine lo que Jordán desea comunicarle al doctor y escriba un pequeño mensaje dirigido al doctor Largavida.*

Respetado Dr. Largavida:

_____
_____
_____
_____
_____
_____
_____
_____
_____
_____
_____
_____
_____
_____
_____

El subjuntivo en cláusulas nominales

A. EL INDICATIVO Y EL SUBJUNTIVO

En secciones anteriores hemos visto el presente, el pasado (pretérito, imperfecto, presente perfecto, pluscuamperfecto) y el futuro del indicativo que señalan:

1. acciones que están ocurriendo.

> —¿Qué **comes**?
> —**Como** una manzana.

2. acciones que ocurrieron.

> —¿A quién **viste** en el cine?
> —Vi a Luis. **Hacía** mucho tiempo que no lo veía.

3. acciones que van a ocurrir.

> —¿**Tendrás** tiempo para ayudarme?
> —Desde luego, **pasaré** más tarde por tu casa.

En esta lección vamos a ver que para expresar órdenes, deseos y consejos se usa el modo subjuntivo. En el modo subjuntivo la acción del verbo generalmente depende de una acción principal que está en el modo indicativo.

> | **ind.** | **subj.** | **ind.** | **subj.** |
> | :---: | :---: | :---: | :---: |
> | ↓ | ↓ | ↓ | ↓ |
>
> —¿Qué **quieres** que te **diga**? —Sólo **quiero** que me **digas** la verdad.

La palabra **que** introduce la cláusula del subjuntivo:
> Espera **que** vengas temprano.

B. LAS FORMAS DEL PRESENTE DEL SUBJUNTIVO

Formas regulares

Para formar el presente del subjuntivo se cambia la vocal **-o** de la primera persona singular del presente del indicativo por la vocal **-e** (en los verbos **-ar**) o por la vocal **-a** (en los verbos **-er** e **-ir**).

tomar (tomo > tome)	comer (como > coma)	sufrir (sufro > sufra)
tom **-e**	com **-a**	sufr **-a**
-es	**-as**	**-as**
-e	**-a**	**-a**
-emos	**-amos**	**-amos**
-éis	**-áis**	**-áis**
-en	**-an**	**-an**

Formas con cambios en el radical

Los verbos que son irregulares en la primera persona singular del indicativo son irregulares en todas las personas del subjuntivo. (Véase la Sección 1 para la lista de verbos irregulares en el presente del indicativo.)

hacer (hago > haga)	conocer (conozco > conozca)	huir (huyo > huya)
hag -a	conozc -a	huy -a
-as	-as	-as
-a	-a	-a
-amos	-amos	-amos
-áis	-áis	-áis
-an	-an	-an

Los verbos que terminan en **-ar** y **-er** que cambian el radical en el presente del indicativo sufren los mismos cambios en el subjuntivo. Los verbos que terminan en **-ir** sufren un cambio adicional en primera y segunda persona del plural.

pensar e > ie	volver o > ue	dormir o > ue, u	sentir e > ie, i	pedir e > i
piense	vuelva	duerma	sienta	pida
pienses	vuelvas	duermas	sienta	pidas
piense	vuelva	duerma	sienta	pida
pensemos	volvamos	durmamos	sintamos	pidamos
penséis	volváis	durmáis	sintáis	pidáis
piensen	vuelvan	duerman	sientan	pidan

Formas irregulares

Hay seis verbos irregulares en el presente del subjuntivo.

haber	ir	saber	ser	dar	estar
haya	vaya	sepa	sea	dé	esté
hayas	vayas	sepas	seas	des	estés
haya	vaya	sepa	sea	dé	esté
hayamos	vayamos	sepamos	seamos	demos	estemos
hayáis	vayáis	sepáis	seáis	deis	estéis
hayan	vayan	sepan	sean	den	estén

C. LOS USOS DEL SUBJUNTIVO VS. EL INDICATIVO

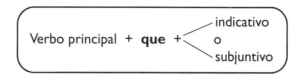

El uso del indicativo o del subjuntivo en la cláusula subordinada depende del significado del verbo de la cláusula principal en contexto. Si la cláusula principal se refiere a hechos objetivos que han tenido, tienen o tendrán lugar, se usa el indicativo en la cláusula subordinada. Si la cláusula principal se refiere a estados o hechos hipotéticos, a dudas, emociones o deseos, se usa el subjuntivo.

Usos del indicativo

Se usa el indicativo cuando el verbo de la cláusula principal denota:

1. percepción física o mental (**escuchar, notar, observar, oír, ver**).

    Veo que **hay** nuevas doctoras en esta clínica.
    ¿**Notaste** que el paciente **estaba** amarillo?

2. comunicación verbal (**comentar, decir, explicar, opinar**).

    Las enfermeras **dicen** que **irán** a la huelga.
    El médico **explicó** que no **podía** hacer nada para aliviar los dolores del enfermo.

3. procesos mentales (**creer, imaginar, pensar, recordar, suponer**).

    Creen que **está** embarazada.
    No **recordó** que **debía** tomar las pastillas.

Usos del subjuntivo

Se usa el subjuntivo cuando el verbo de la cláusula principal expresa:

1. mandato (**decir, exigir, mandar, pedir, ordenar**).

    La doctora **dice** (manda) que el enfermero **vaya** inmediatamente.
    El enfermo **exige** que lo **atiendan** correctamente.

2. deseo (**desear, esperar, preferir, proponer, querer**).

    ¿**Quieres** que **vaya** a comprar las medicinas?
    Espero que no te **hayas fracturado** el brazo.

3. consejo o ruego (**aconsejar, recomendar, rogar, sugerir, suplicar**).

    Los doctores **aconsejan** que no **consumamos** mucha grasa.
    ¡Te **ruego** que **llames** a una ambulancia!

Gramática   **113**

4. permiso o prohibición (**aprobar, impedir, oponerse a, permitir, prohibir**).

> No **me opongo a** que **andes** con muletas, si las necesitas.
> Los médicos **prohiben** que el paciente **tenga** visitas.

5. emociones (**alegrarse de, dar(le) miedo, gustar(le), esperar, importar(le), lamentar, molestar(le), sentir, sorprenderse de, temer**).

> Me **alegro de** que **estés** mejor.
> A Julián **le importa** que su madre **tenga** buena atención médica.

Otros usos del indicativo vs. el subjuntivo

Con algunos verbos y expresiones la cláusula subordinada puede ir en indicativo o subjuntivo. El uso del indicativo o del subjuntivo en la cláusula subordinada depende de lo siguiente.

Se usa el indicativo:

1. cuando la cláusula principal exprese seguridad (**estar seguro de, no ignorar, no dudar, no negar**).

> **Estoy seguro de** que **tienes** fiebre.
> Los médicos **no dudan** que **habrá** una solución.

2. con el verbo **creer**.

 a. cuando la cláusula principal es afirmativa.

> La doctora **cree** que te **curarás** pronto.

 b. en oraciones interrogativas cuando el que habla expresa seguridad.

> ¿No **crees** que **debes** ponerte a dieta? (Yo opino que sí.)
> ¿**Cree** Ud. que **lloverá** mañana? (Yo creo que sí.)

3. en oraciones impersonales que expresan certidumbre (**es evidente / verdad / obvio / indudable / cierto / seguro, está claro**).

> **Es cierto** que la enfermera **sabe** poner inyecciones.
> **Es evidente** que **tomas** demasiado café.
> **Está claro** que **practican** deportes para mantener una buena salud.

Se usa el subjuntivo:

1. cuando la cláusula principal expresa duda o negación (**no estar seguro de, ignorar, dudar, negar**).

> No **estoy seguro** de que **tengas** fiebre.
> Los médicos **dudan** que **haya** una solución.

2. con el verbo **creer**.

 a. cuando la cláusula principal es negativa.

> La doctora **no cree** que te **cures** pronto.

 b. en oraciones interrogativas cuando el que habla expresa duda o falta de seguridad.

> ¿No **crees** que **debas** ponerte a dieta? (Yo no estoy seguro.)
> ¿**Cree** Ud. que **llueva** mañana? (Yo lo dudo.)

3. en oraciones impersonales que expresan una opinión subjetiva, personal (**es bueno / mejor / malo / necesario / conveniente / preciso / importante / urgente / (im)probable / (im)posible, está bien / mal**) o que niegan la certidumbre (**no es verdad / cierto / evidente /** etc.).

> **No es cierto** que yo **sepa** poner inyecciones.
> **Es malo** que **tomes** demasiado café.
> **Está bien** que **practiquen** deportes para mantener una buena salud.

ACTIVIDAD 7

Escriba cinco consejos que el doctor le recomienda a Alicia para aliviar sus malestares. Use por lo menos cinco de los verbos de la lista.

recomendar / esperar / rogar / querer / insistir / proponer / sugerir

Modelo: Le recomiendo que se quede en cama por dos días.

1. _____
2. _____
3. _____
4. _____
5. _____

ACTIVIDAD 8

Complete estos diez comentarios que Ud. le haría a Jordán usando el modo indicativo o el modo subjuntivo, según el comienzo de cada oración.

Modelo: No es raro que <u>su esposa **adelgace** si se siente tan triste.</u>

1. Es importante _____
2. Es evidente que _____
3. Más vale _____
4. Es obvio _____
5. Creo que Ud. _____
6. Es necesario _____
7. Es natural _____
8. No dudo _____
9. Me molesta _____
10. Es mejor _____

Gramática   **115**

ACTIVIDAD 9

Imagínese que el diagnóstico de Alicia es depresión aguda y el médico le aconseja que hable seriamente con Jordán. Ayude a Alicia a escribir una lista o carta con propuestas a Jordán para mejorar su relación matrimonial.

Amado Jordán:

_____

_____

_____

_____

_____

_____

_____

_____

_____

_____

_____

_____

_____

_____

_____

_____

_____

_____

_____

_____

_____

_____

tu doliente esposa,

Alicia

El subjuntivo en cláusulas adjetivales y adverbiales

A. LOS USOS DEL SUBJUNTIVO Y EL INDICATIVO EN CLÁUSULAS ADJETIVALES

Una cláusula que describe un sustantivo y funciona como un adjetivo es una cláusula adjetival.

> Quiero una casa **grande**.

> Quiero una casa **que sea grande**.

> Quiero esa casa **que es tan grande**.

> sustantivo + **que** +
> - indicativo (existe o se conoce)
> - subjuntivo (no existe o no se conoce)

Se usa el indicativo:

cuando la cláusula adjetival se refiere a una persona o cosa que existe y se conoce.

> Conocemos un restaurante que **sirve** comida boliviana.

> Hay muchas personas que **conocen** la ciudad mejor que yo.

> Los ministros que **vienen** serán recibidos por el pueblo. (Me refiero a ministros específicos.)

> El mundo en que **vivimos** es muy complicado. (¡Ya lo sabemos!)

Se usa el subjuntivo:

cuando la oración subordinada se refiere a una persona o cosa que no existe o no se conoce.

> No conocemos ningún restaurante que **sirva** comida boliviana.

> Busco un chico que me **ayude** mañana.

> No hay nadie que **conozca** la ciudad.

> Los ministros que **vengan** serán recibidos por el pueblo. (No sé cuáles vienen.)

> El mundo en que **vivamos** será muy complicado. (No sé cómo será.)

B. LOS USOS DEL SUBJUNTIVO Y EL INDICATIVO EN CLÁUSULAS ADVERBIALES

Las cláusulas adverbiales funcionan como adverbios.

> —¿Cuándo vendrá?   —Vendrá **pronto**.
> —Vendrá **cuando pueda**.

> cláusula principal + expresión de { tiempo / o / concesión } + { indicativo (real/habitual) / o / subjuntivo (hipotético) }

Tiempo

cuando *(when)*
mientras (que) + ind. *(while)*
　　　　　　+ subj. *(we don't know how long)*
tan pronto (como) *(as soon as)*
en cuanto *(as soon as)*
hasta que *(until)*
después (de) que *(after)*

Concesión

a pesar (de) que *(although)*
aunque + ind. *(although)*
　　　+ subj. *(even if)*
aun cuando *(even though)*

Se usa el indicativo:	**Se usa el subjuntivo:**
cuando una expresión de tiempo o concesión introduce una cláusula subordinada que expresa una experiencia real o verdadera.	cuando una expresión de tiempo o concesión introduce una cláusula subordinada que expresa una acción que aún no ha tenido lugar.
No le dieron dinero **cuando** lo **pidió.** Siempre vuelve a casa **en cuanto hace** las compras.	No le darán dinero **cuando** lo **pida.** Volverá a casa **en cuanto haga** las compras.

cláusula principal + expresión de ⎰ propósito, condición o anticipación ⎱ + subjuntivo

Propósito

a fin de que
a que
para que

Condición

sin que
a menos que
con tal (de) que
salvo que
a no ser que
en caso (de) que
mientras que[2]

Anticipación

antes (de) que

Se usa el subjuntivo:

porque las expresiones de **propósito**, **condición** y **anticipación** sólo pueden introducir acciones que aún no se han realizado.

　　Te lo regalo **para que te acuerdes** de mí.

　　Los invito al cine **a menos que tengan** un programa mejor.

　　Salgamos **antes de que llueva.**

---

[2] Cuando **mientras (que)** tiene el significado de *as long as* (condición), se usa sólo el subjuntivo.
　Cuando tiene el significado de *while* (tiempo), se usa indicativo o subjuntivo.

118　　*Sección 3*

ACTIVIDAD 10

Imagine que han transcurrido tres años desde la muerte de Alicia. Jordán, como es muy tímido y serio, no ha podido conseguir otra compañera todavía. A él no le gustaría pasar el resto de su vida solo. Ayude a Jordán a escribir un anuncio en el periódico para que pueda conocer a alguien que tenga gustos afines. Use por lo menos cinco de los siguientes verbos en el presente de subjuntivo para expresar lo que él desea encontrar en una mujer.

ser / amar / tener / sonreír / tratar / querer / estar / pedir

Hombre solitario y maduro de buenas intenciones,
alto y pudiente, busca joven rubia, angelical y tímida
que _____

_____

_____

_____

_____

_____

_____

El viudo infeliz

ACTIVIDAD 11

Complete la oración usando el subjuntivo en estas cláusulas adjetivales.

1. La joven busca un hombre que _____ .

2. En esta ciudad no hay nadie que _____ .

3. No tomaré ninguna medicina que _____ .

4. Para él no hay otra mujer que _____ .

5. Necesita buscar a alguien que _____ .

ACTIVIDAD 12

¿Qué opina usted? Combine las dos columnas y forme diez oraciones posibles expresando su opinión respecto a la situación de Jordán y Alicia usando el subjuntivo en cláusulas adverbiales.

	casarse
	morir
	luchar
antes de que	amar
en caso de que	ser feliz
a fin de que	cuidar
a menos que	mejorarse
con tal de que	venir
sin que	darse cuenta
	fijarse en ella
	curarse
	no cambiar

MODELO: Jordán hará cualquier cosa **con tal de que** Alicia se **mejore**.

1. _____

2. _____

3. _____

4. _____

5. _____

6. _____

7. _____

8. _____

9. _____

10. _____

El imperfecto del subjuntivo

A. LAS FORMAS DEL IMPERFECTO DEL SUBJUNTIVO

Para formar el imperfecto del subjuntivo se toma la tercera persona del plural del pretérito del indicativo y se le cambia la terminación **-on** por **-a**[3].

Pretérito	Radical	+	Terminación	Imperfecto del subjuntivo
dije**on**	dijer-		**-a**	dijera
durmier**on**	durmier-		**-as**	durmieras
supier**on**	supier-		**-a**	supiera
hablar**on**	hablar-		**-amos**	habláramos[4]
oyer**on**[5]	oyer-		**-ais**	oyerais
escribier**on**	escribier-		**-an**	escribieran

B. LOS USOS DEL IMPERFECTO DEL SUBJUNTIVO

Ya hemos visto los verbos que exigen el uso del subjuntivo y los usos del subjuntivo en cláusulas nominales, adjetivas y adverbiales en el tiempo presente. En el tiempo pasado, en general, se aplica el mismo criterio para usar el imperfecto del subjuntivo.

Quiero que **vayas** a comprar los regalos de Navidad.

Quería que **fueras** a comprar los regalos de Navidad.

Es preciso que **conozcas** la ciudad.

Era preciso que **conocieras** la ciudad.

No **hay** nadie que **hable** ruso en esta oficina de correos.

No **había** nadie que **hablara** ruso en aquella oficina de correos.

El imperfecto del subjuntivo se usa en distintos casos.

1. Cuando una cláusula principal que requiere el subjuntivo está en el tiempo pasado, el verbo de la oración subordinada debe estar en el imperfecto del subjuntivo.

Tenía miedo de que Lolita **cruzara** la calle.

Buscaba una persona que **conociera** la ciudad.

---

[3] Ésta es la forma del imperfecto del subjuntivo que se usa en Hispanoamérica. En muchos lugares de España las terminaciones del imperfecto del subjuntivo son **-se, -ses, -se, -semos, -seis, -sen**. O sea: dijese, dijeses, dijese, dijésemos, dijeseis, dijesen.

[4] La primera persona del plural se convierte en una palabra esdrújula, por lo tanto lleva acento ortográfico en la tercera sílaba contando de la derecha: ha-**blá**-ra-mos. Recuerde que todas las palabras esdrújulas llevan acento ortográfico.

[5] Si el radical del verbo tuvo el cambio ortográfico **i > y** (oír > oyeron) en la primera persona del plural del pretérito, tendrá el mismo cambio ortográfico en todas las personas del imperfecto del subjuntivo.

2. Si el comentario es en el presente pero la acción ocurrió en el pasado, el verbo de la cláusula principal está en el presente y el verbo de la oración subordinada en el imperfecto del subjuntivo.

> **Me alegro** (hoy) que todo **saliera** (ayer) bien.
>
> No **creo** que Luisa **viajara** sola.

3. Después de **como si**... *(as if...)*, cuando la cláusula principal está en el presente o en el pasado del indicativo.

> El taxista **maneja** como si **estuviera** perdido.
>
> El taxista **manejaba** como si **estuviera** perdido.

C. LOS USOS DEL SUBJUNTIVO EN ORACIONES INDEPENDIENTES

Además de usarse en expresiones nominales, adjetivales, y adverbiales, el subjuntivo puede usarse también en oraciones que expresan duda o deseo.

Expresiones de duda:

Acaso, quizá(s), tal vez[6] *(maybe, perhaps)*
Se usan con el indicativo o el subjuntivo. El indicativo expresa más certidumbre: el subjuntivo hace énfasis en la duda.

> Tal vez **consultará** la guía turística. (Creo que lo hará)
>
> Tal vez **consulte** la guía turística. (Es posible que lo haga).

Expresiones de deseo:

1. **Que**
   Se usa en oraciones en las que se ha eliminado la cláusula principal.

   > (Deseo...) ¡Que **te diviertas**!
   >
   > ¡Que te **vaya** bien!
   >
   > ¡Que **regrese** pronto!

2. **Quién** *(How I wish..., If only I could...)*
   En frases exclamativas implica deseo y se usa con el imperfecto del subjuntivo.

   > ¡Quién **fuera** pájaro para volar!
   >
   > ¡Quién **tuviera** quince años!

3. **Querer, poder** y **deber**
   Se usan en el imperfecto del subjuntivo como formas de cortesía. Equivalen al condicional *(would, could, should)*

   > **Quisiera** (Querría) hablar con Ud.
   >
   > ¿**Pudiera** (Podría) Ud. decirme la hora?
   >
   > **Debieras** (Deberías) comer más verduras.

---

[6] **A lo mejor** tiene el mismo sentido que **acaso, quizá(s)** o **tal vez** pero se usa siempre con el modo indicativo: **A lo mejor está** en el lista de pasajeros.

---

4. **¡Ojalá (que)!...**

   a. Se usa siempre con el subjuntivo.
   b. Con el presente expresa un deseo para el momento presente o para el futuro.
   c. Con el imperfecto expresa un deseo que no se realizará o que tiene pocas posibilidades de realizarse.

   > **¡Ojalá** que Jorge **encuentre** la ropa que busca! *(I hope)*

   > **Ojalá** que Jorge **encontrara** la ropa que busca, pero no creo que pueda en los almacenes de esta ciudad. *(I wish)*

ACTIVIDAD 13

Escriba la oración en el pasado y haga los cambios necesarios.

1. No es raro que Alicia adelgace.

    _____

    _____

2. Cuando Alicia se despierta, dice que llamen al médico.

    _____

    _____

3. Los médicos no están seguros de que ella vaya a curarse pronto.

    _____

    _____

4. Ella no quiere que le toquen la cama, ni aun que le arreglen el almohadón.

    _____

    _____

5. No quiero usar almohadones de pluma por temor a que tengan un animal como el del cuento.

    _____

    _____

ACTIVIDAD 14

Imagine que Jordán ha encontrado el diario de Alicia olvidado en un cajón. En este diario él empieza a leer cómo ella lo imaginaba a él antes de que se casaran. Así es como él descubre la desdicha de su joven esposa. Complete esta entrada en el diario de Alicia usando el imperfecto del subjuntivo donde convenga.

Otoño de 19??

Querido diario:

Yo buscaba un hombre que fuera cariñoso y tierno. Yo quería que él sintiera lo mismo que siento yo. _____

_____

_____

_____

_____

_____

_____

_____

_____

_____

_____

_____

Yo le entregué mi amor incondicional para que él me correspondiera. Ahora, sólo espero consumirme en esta soledad.

Hasta mañana diario confidente

_____

_____

Alicia

ACTIVIDAD 15

Basándose en la historia de Jordán y Alicia, escriba una oración con cada una de las expresiones de la lista. Utilice siempre los tiempos del pasado y también el imperfecto de subjuntivo cuando sea necesario.

MODELO: **para que**:
Jordán mandó llamar al médico **para que** examinara a Alicia.

1. como si:

   _____

2. cuando:

   _____

3. aunque:

   _____

4. sin que:

   _____

5. en caso de que:

   _____

6. tan pronto como:

   _____

7. a no ser que:

   _____

8. con tal que:

   _____

9. hasta que:

   _____

10. a pesar de que:

   _____

Gramática **125**

Los adverbios

1. Un adverbio es una palabra que modifica:

   a. un verbo   Camina **despacio**, por favor.

   b. un adjetivo   Son **bastante** inteligentes para comprenderlo.

   c. otro adverbio Te aseguro que mi coche funciona **muy** bien.

2. Muchos adverbios terminan en **-mente.** Se usa la forma femenina del adjetivo + **-mente**.

Forma masculina	Forma femenina	Adverbio
verdadero	verdadera	**verdaderamente**
tranquilo	tranquila	**tranquilamente**
principal	principal	**principalmente**

   Cuando hay dos o más adverbios que terminan en **-mente** en la misma oración, la terminación se añade sólo al último.

   Lo examinó **lenta** y **cuidadosamente**.

3. Muchas veces, la forma terminada en **-mente** puede sustituirse por una preposición + un sustantivo.

     generalmente = por lo general, en general

     frecuentemente = con frecuencia (a menudo)

     repentinamente = de repente (de golpe)

     finalmente = por fin, al fin

     irónicamente = con ironía, de modo irónico

4. A menudo un adjetivo puede funcionar como adverbio. En este caso toma la forma masculina, salvo cuando también modifica el sujeto de la oración.

   Los obreros trabajan **rápido**.

   PERO:

   Mis tías llegan **contentas**. Los niños viven **felices**.

ACTIVIDAD 16

*Horacio Quiroga utiliza en «El almohadón de pluma» muchos adverbios terminados en **-mente**.*

A. *Escriba Ud. a la izquierda del adverbio la forma masculina del adjetivo del que deriva.*

B. *Después enlace el adverbio con su expresión sinónima de la columna derecha, poniendo el número correspondiente. No dude en utilizar el diccionario.*

_____ 1. profundamente   ____ a. del todo

_____ 2. insidiosamente   ____ b. sin obtener ningún resultado

_____ 3. largamente   ____ c. de manera evidente

_____ 4. completamente   ____ d. sólo

_____ 5. visiblemente   ____ e. como en un funeral

_____ 6. desmesuradamente   ____ f. en especial

_____ 7. inútilmente   ____ g. con mala intención encubierta

_____ 8. únicamente   ____ h. sin hacer el menor ruido

_____ 9. fúnebremente   ____ i. en lo más hondo

_____ 10. extraordinariamente   ____ j. por mucho tiempo

_____ 11. sigilosamente   ____ k. fuera de toda medida

_____ 12. particularmente   ____ l. mucho más de lo normal

ACTIVIDAD 17

*¿Cómo fue el día de la boda de Alicia y Jordán? Para obtener una descripción completa, llene los espacios en blanco con los adverbios en **-mente** de la actividad anterior, según el contexto.*

Sin duda, aquél fue el día más feliz de sus vidas para Alicia y Jordán. Ella estaba _____ emocionada y no pudo reprimir las lágrimas en público. Cuando terminó la ceremonia lloró _____, unos cuarenta y cinco minutos, de pura alegría, mientras su madre trataba de calmarla _____ . También Jordán se sentía _____ dichoso al ser correspondido por una mujer que él consideraba fuera de lo común por su bondad y belleza. Aquel día el órgano de la iglesia sonó con sus notas más exultantes, y no _____ como lo haría al final del otoño, cuando enterraron a Alicia. El día de la boda nadie podía sospechar el trágico desenlace. _____ Alicia llegó a percibir una sensación extraña, una corazonada, un vago presentimiento que nubló _____ la claridad de su dicha. «Serán los nervios», pensó, tratando de quitarle importancia a lo que resultó ser la voz de su destino, pero ni siquiera el mal presagio impidió que se

    Gramática   **127**

sintiera _____ feliz. Por supuesto, todos ignoraban los tormentos de Alicia, _____ Jordán, quien creía que le esperaban muchos años de plenitud junto a su amada esposa. Los invitados siempre recordarían aquella boda. Los manjares del banquete fueron tan suculentos que varias personas comieron _____ y, en consecuencia, sufrieron indigestión por una semana. Muchos bailaron y cantaron durante horas hasta que Alicia y Jordán, exhaustos por las emociones, decidieron retirarse a su habitación. Como ya era muy tarde, la mayoría de los invitados se marchó _____ por respeto a los recién casados. Todos se sintieron sincera y _____ afectados cuando meses más tarde leyeron en el periódico que Jordán había enviudado.

El condicional

A. LAS FORMAS DEL CONDICIONAL

Se forma el condicional de los verbos regulares con el infinitivo y las siguientes terminaciones:

Infinitivo	+	Terminación	Condicional
hablar		**-ía**	hablaría
contemplar		**-ías**	contemplarías
comer		**-ía**	comería
ver		**-íamos**	veríamos
vivir		**-íais**	viviríais
morir		**-ían**	morirían

Los verbos que son irregulares en la formación del futuro son también irregulares en el condicional. Las terminaciones, sin embargo, son las mismas que en los verbos regulares.

Infinitivo	Radical condicional	Condicional
haber	habr-	habría
poder	podr-	podría
saber	sabr-	sabría
querer	querr-	querría
poner	pondr-	pondría
venir	vendr-	vendría
salir	saldr-	saldría
valer	valdr-	valdría
decir	dir-	diría
hacer	har-	haría

B. LOS USOS DEL CONDICIONAL

El condicional corresponde básicamente a *would* y a *should* en inglés.

Se usa el condicional para expresar:

1. una acción que se anticipa desde el punto de vista de un momento pasado. (Se podría decir que el condicional representa un futuro en relación con un tiempo pasado.)

> La televisión anunció que **habría** un huracán al día siguiente.
>
> Sabíamos que lo **haría** tarde o temprano.

2. acciones posibles o deseables que dependen de alguna condición que se expresa con **si + el imperfecto del subjuntivo**. (Muchas veces la cláusula de **si + subjuntivo** está implícita.)

Gramática   **129**

Viajaría si tuviera dinero.

¿Cómo **reaccionaría** Ud. en caso de sentir un terremoto?

Yo no **trabajaría** en la minería. (Aun si me dieran el puesto.)

3. probabilidad en el pasado. Así como el futuro puede expresar probabilidad en el presente, el condicional puede expresar la probabilidad de una acción en el pasado.

—¿Qué hora **sería** cuando oímos aquel ruido tremendo?

—**Serían** las nueve y media. (Probablemente eran las 9:30.)

—¿Por qué no **dormirían** los niños?

—**Estarían** pensando en los truenos.

4. cortesía al pedir o preguntar algo.

¿**Podría** decirme qué hora es?

¿**Tendría** Ud. tiempo para discutir el asunto?

Me **gustaría** que me lo tuvieras listo para mañana.

ATENCIÓN:

1. Cuando *would* quiere decir *used to*, se traduce con el imperfecto.

En aquel entonces, **dábamos** un paseo después de la cena.

2. Cuando *would* expresa voluntad, se traduce con **querer**.

Le pregunté varias veces, pero no **quería** decírmelo.

ACTIVIDAD 18

Como Ud. ya sabe, en los países hispanos se habla sin cesar de política. Hoy, una familia argentina habla del nuevo candidato peronista y de las posibilidades que éste tiene de ganar las elecciones.

Complete los diálogos usando el condicional.

1. —Yo no _____ (apoyar) a un candidato peronista, ¿y tú?

   —Yo _____ (tener) que estudiar más su programa.

2. —Pero... ¿es que crees que la gente _____ (votar) por él?

   —No sé. Creo que el candidato _____ (tener) que trabajar mucho para ganar las elecciones.

3. —Me imagino que con un alcalde peronista _____ (haber) varios cambios.

   —El candidato aseguró que a los pobres no les _____ (faltar) ni el pan ni la vivienda.

4. —Pero, ¿es que tú crees lo que dicen los candidatos? ¿Crees que un candidato peronista _____ (poder) disminuir la pobreza?

   —No sé. Me imagino que _____ (llevar) algún tiempo.

ACTIVIDAD 19

Responda a las siguientes preguntas con tres respuestas. Utilice un verbo distinto en cada una de ellas.

1. ¿Qué haría Ud. en el lugar de Jordán?

    a. _____

    b. _____

    c. _____

2. ¿Qué haría Ud. en el lugar de Alicia?

    a. _____

    b. _____

    c. _____

3. ¿Qué haríamos en el lugar del médico?

    a. _____

    b. _____

    c. _____

4. ¿Qué harían unos jóvenes modernos en caso de encontrar un parásito en su almohada?

    a. _____

    b. _____

    c. _____

ACTIVIDAD 20

Llene los espacios en blanco poniendo el verbo en el condicional o en el imperfecto del subjuntivo, según corresponda.

Si Jordán no _____ (ser) tan severo con Alicia, ella _____ (sentirse) mejor. También _____ (estar) más relajada si su casa no _____ (parecer) un palacio encantado y si _____ (tener) un aspecto más acogedor. Si ella _____ (saber) que Jordán la ama profundamente, _____ (vivir) más feliz en aquella casa.

El médico _____ (hacer) un buen trabajo si _____ (poder) darse cuenta de que la causa de la anemia está en su almohadón. Además, si Jordán _____ (llamar) a otro doctor, el médico _____ (perder) su buena reputación.

Después de leer el cuento de Horacio Quiroga, ¿qué _____ (hacer) Ud. si en su cama _____ (haber) un almohadón de plumas? Si Ud. _____ (ver) que un amigo(a) suyo(a) tiene una almohadón de plumas, ¿qué le _____ (decir)?

Gramática **131**

ACTIVIDAD 21

Alicia y Jordán puedieron hablar el último día que ella estuvo levantada. Aún tenían esperanzas de que Alicia se recuperara e hicieron muchos planes para el futuro. Lea este diálogo entre Alicia y Jordán. Después, póngalo en el estilo indirecto (reported speech), *haciendo todos los cambios necesarios en los verbos y en los pronombres. Fíjese bien en el ejemplo.*

ALICIA: Jordán, ¿me curaré antes de que llegue la primavera? ¿Seré otra vez la persona alegre que siempre he sido?

JORDÁN: Pronto te pondrás bien y entonces saldrás al jardín a tomar el sol. Te prometo que en cuanto cobres fuerzas iremos a París, como siempre has querido, y haremos todo lo que tú quieras.

ALICIA: Y al volver, tendremos muchos hijos y seremos felices hasta que seamos muy viejos. Para entonces viviremos rodeados de nietos y sabremos que la vida ha sido generosa con nosotros.

MODELO: Alicia le preguntó a Jordán si ella **se curaría** antes de que **llegara** la primavera.

1. También le preguntó si _____

_____

2. Jordán le dijo a Alicia que ella _____

_____

3. También le prometió a Alicia que en cuanto ella _____

_____

4. Alicia le respondió a Jordán que _____

_____

_____

_____

El presente perfecto de subjuntivo

A. LAS FORMAS DEL PRESENTE PERFECTO DEL SUBJUNTIVO

Formamos el presente perfecto del subjuntivo con el presente del subjuntivo del verbo **haber** y el **participio pasado**.

Formación del presente perfecto del subjuntivo			
	ganar	**perder**	**conseguir**
haya hayas haya hayamos hayáis hayan	ganado	perdido	conseguido

B. EL USO DEL PRESENTE PERFECTO DEL SUBJUNTIVO

El uso del presente perfecto del subjuntivo es similar al uso del presente perfecto del indicativo pero, como hemos visto anteriormente, la cláusula del subjuntivo está subordinada a una cláusula principal.

No **ha podido** ganar las elecciones. (indicativo)

Lamento que no **haya podido** ganar las elecciones. (subjuntivo)

¿Ud. **ha hecho** esa tontería?

¿Es posible que Ud. **haya hecho** esa tontería?

ACTIVIDAD 22

Arturo ha sido testigo de un terremoto y ha estado tratando de llamar por teléfono a Susana, pero no ha podido hablar con ella porque todas las líneas telefónicas estaban ocupadas. Finalmente, después de dos días, ha logrado comunicarse con ella y ahora están hablando de esta terrible experiencia.

Lea primero con mucha atención el diálogo. Después, con un(a) compañero(a) de clase, complételo con el presente perfecto del indicativo o del subjuntivo.

1. S: Arturo, ¿ya _____ (reponerse, tú) del susto?

   A: Desde luego. Espero que _____ (recibir, tú) el mensaje que te mandé por fax.

2. S: Si, sí, lo _____ (recibir). Ahora quiero saber si tu casa _____ (sufrir) muchos daños.

   A: Mi casa está bien, pero todavía no puedo creer que el edificio del Banco Central _____ (desaparecer) en medio de los escombros.

Gramática **133**

3. S: Y el gobernador, ¿_____ (decir) algo?

   A: Habló por la tele hace unos instantes. Dijo que lo que más sentía era que tanta gente _____ (perder) su casa.

4. S: Bueno, cuando toda esta situación _____ (pasar), espero que me escribas contándome con más detalle.

   A: Seguramente.

ACTIVIDAD 23

Estas son algunas reacciones que se han producido en el pueblo de Jordán y Alicia al conocerse la noticia de la defunción. Reescriba la frase haciendo los cambios necesarios, es decir, poniendo el presente perfecto en indicativo o en subjuntivo.

1. —Alicia ha muerto.

   —¿Cómo es posible que _____?

2. —El médico no ha podido hacer nada por salvarla.

   —No me extraña que ese médico tan malo _____.

3. —Jordán no ha dejado de llorar desde entonces.

   —¿Es verdad que _____?

4. —Dicen que han encontrado un parásito en el almohadón de plumas.

   —¡No puedo creer que _____!

5. —Dice Jordán que todos hemos tenido la culpa por descuidar la higiene municipal.

   —Niego que _____.

La voz pasiva

A. FORMACIÓN DE LA VOZ ACTIVA

En la voz activa el orden normal de la oración es el siguiente:

> sujeto-agente + verbo + complemento

El hombre **ha contaminado** los ríos y los mares.
Los técnicos **presentarán** algunos proyectos.

B. LA VOZ PASIVA CON *SER*

El uso de la voz pasiva en español es mucho menos frecuente que en inglés. En la voz pasiva se invierte el orden, y el agente que ejecuta la acción va al final de oración, después de la preposición **por.** El participio pasado[7] concuerda en género y en número con el sujeto pasivo.

> **ser** + participio pasado + **por** + agente

Los ríos y los lagos **han sido contaminados** por el hombre.
Algunos proyectos **serán presentados** por los técnicos.

C. LA VOZ PASIVA CON *SE*

Si no se menciona al agente de la acción, la construcción es la siguiente:

> **se** + tercera persona singular o plural del verbo

Se defenderá la democracia.
Ha llovido mucho. **Se esperan** grandes inundaciones.

Cuando el complemento de objeto directo va precedido por la **a** personal, el verbo está siempre en la forma singular.

Se espera a la nueva presidenta.
Se busca a los directores del programa.

---

[7] En la voz pasiva el participio pasado funciona como adjetivo; por lo tanto, concuerda en género y en número con el sujeto pasivo.

ACTIVIDAD 24

A pesar del gran avance tecnológico que ha alcanzado la medicina científica en las últimas décadas, todavía existen enfermedades incurables que siguen quitando la vida a mucha gente, como el cáncer y el SIDA. El surgimiento de otras enfermedades epidémicas, como el virus ébola en el África, incrementa el trabajo de investigación de los científicos por encontrar una cura a estas devastadoras enfermedades.
   Ponga las siguientes oraciones en la forma pasiva.

MODELO: El cáncer maligno **afecta** emocionalmente a los seres queridos.
              Los seres queridos **son afectados** emocionalmente **por** el cáncer.

1. Los científicos realizan varios estudios de investigación.

    _____

2. Muchas organizaciones apoyan económicamente estos estudios.

    _____

3. El virus VIH ha afectado desde niños hasta ancianos.

    _____

4. Todos desean una cura para el cáncer.

    _____

5. La falta de información sobre el SIDA puede afectar la vida de muchos adolescentes.

    _____

ACTIVIDAD 25

Elimine el agente y forme las oraciones con la construcción pasiva **se**.

MODELO: La epidemia de ébola fue declarada **por las autoridades**.
              Se declaró la epidemia del virus ébola.

1. La enfermedad de Alicia fue contraída por muchas personas.

    _____

2. En las últimas horas, síntomas similares fueron reportados por la comunidad.

    _____

3. Los reportes fueron escuchados por los grandes especialistas.

    _____

4. Pronto el problema será resuelto por los médicos.

    _____

5. Los almohadones de pluma serán prohibidos por la ley.

    _____

ACTIVIDAD 26

Asocie un elemento de la columna A con uno de la columna B. Con la información, construya seis oraciones pasivas de hechos y personajes importantes.

A	**B**
Sydney, Australia	William Shakespeare
El premio Nobel	Mona Lisa
Romeo y Julieta	La batalla de Waterloo en 1815
La electricidad	Rigoberta Menchú
Napoleón Bonaparte	Las olimpíadas del año 2000
El almohadón de pluma	Tomás Edison
Leonardo da Vinci	Horacio Quiroga

MODELO: **Las olimpíadas del año 2000** serán organizadas por **Sydney, Australia**.

1. _____

2. _____

3. _____

4. _____

5. _____

6. _____

Gramática   **137**

Un paso más

⟶ Palabras de transición

Llamamos así a ciertas palabras o locuciones (grupos de palabras) que sirven de enlace o transición entre dos ideas. POR EJEMPLO:

> En ese extraño nido de amor, Alicia pasó todo el otoño. **No obstante**, había concluido por echar un velo sobre sus antiguos sueños, y aún vivía dormida en la casa hostil, sin querer pensar en nada hasta que llegaba su marido.

Aquí, la locución **no obstante** funciona como palabras de transición, pues sirve para unir las dos ideas que constituyen el párrafo. Las palabras de transición sirven para estructurar el texto y para guiar al lector, por eso son importantes. Su uso y su posición en nuestro texto depende de la noción que queramos transmitir.

1. Para indicar el orden temporal o cronológico:

al principio	Este cuento relata la historia de Alicia, una joven romántica que se casó con Jordán. **Al principio** Alicia y Jordán fueron muy felices.
luego	**Luego** Alicia empezó a sentir estremecimientos al pasar tanto tiempo sola en la casa con la única compañía de la sirvienta.
más tarde	**Más tarde** cayó enferma de anemia y Jordán tuvo que llamar al médico.
mientras tanto	**Mientras tanto** la salud de Alicia iba empeorando día a día.
al final	**Al final** murió sin que el médico pudiera hacer nada por salvar su vida.
por fin	**Por fin** se descubrió que la causa de su anemia era un parásito escondido en su almohadón de pluma.

2. Para introducir una idea presentada anteriormente:

con respecto a	Además de Alicia, vimos que hay otros personajes en este cuento. **Con respecto a** Jordán, sabemos que es amable pero reservado.
en cuanto a	**En cuanto al médico**, podemos decir que es un personaje secundario.

3. Para añadir nuevos aspectos a la idea que se trata:

también	La sirvienta **también** es un personaje secundario pero importante porque es quien descubre las manchas de sangre en el almohadón.
por otra parte	**Por otra parte**, es ella la que piensa que las manchas son picaduras.
además	**Además**, se da cuenta de que hay algo extraño en el almohadón por lo mucho que pesa.

Un paso más   **139**

4. Para introducir un ejemplo o una precisión:

en particular   Toda la narración está escrita con verbos en tiempo pasado, **en particular** con el pretérito.

por ejemplo   **Por ejemplo: pasó, tuvo, pudo, rompió, lloró**, etc.

sobre todo   También hay gran abundancia de adverbios, **sobre todo** de los que terminan en **-mente**, por ejemplo: **profundamente, insidiosamente** y **largamente**.

en especial   Las descripciones son detalladas, con abundancia de adjetivos, **en especial** la descripción de la casa, al comienzo del cuento, y la del parásito, al final.

5. Para introducir un contraste:

al contrario   «El almohadón de pluma» no revela fácilmente la causa de la muerte de Alicia. **Al contrario**, juega con los lectores para esconderles el sorprendente final.

no obstante   **No obstante**, el título ofrece un indicio muy importante.

sin embargo   **Sin embargo**, el autor logra que nos olvidemos de él hasta el final.

en cambio   **En cambio**, en «La casa nueva» la idea del título estaba presente constantemente.

6. Para expresar una consecuencia o conclusión:

por lo tanto   En el cuento de Quiroga la caracterización de Jordán es ligeramente negativa, **por lo tanto**, es posible pensar que él causa la muerte de Alicia.

en consecuencia   Por otra parte, casi siempre se evita hablar del almohadón. **En consecuencia**, su aparición al final resulta muy sorprendente.

en conclusión   El final sorprendente es característico de los cuentos. **En conclusión**, podemos afirmar que «El almohadón de pluma» es un gran modelo en su género.

ACTIVIDAD 27

¿Todavía recuerda «La casa nueva»? Para refrescar su memoria, llene los espacios en blanco con una palabra o locución de transición, según el contexto. El número que aparece a la izquierda del espacio en blanco indica el grupo de palabras de transición del que Ud. debe elegir. En algunos casos hay más de una respuesta posible pero en otros no. Elija la opción que mejor se adecúe al contexto. Trate de no usar la misma respuesta dos veces.

1	2	3	4	5	6
al principio luego más tarde mientras tanto al final por fin	con respecto a en cuanto a además en especial	también por otra parte sobre todo en cambio	en particular por ejemplo sin embargo	al contrario no obstante	por lo tanto en consecuencia

«La casa nueva» de Silvia Molina es el relato de una decepción. Una mujer adulta cuenta a su madre los recuerdos y sentimientos que le produjeron las promesas incumplidas de su padre cuando ella era una niña. Un día, su padre la llevó a ver lo que él llamaba «la casa nueva». (1) _____ la niña se sintió sorprendida de que fueran a comprar una casa. (5) _____ , cuando llegaron a la colonia Anzures y vieron la casa nueva la niña quedó impresionada. Primero contemplaron el exterior y (1) _____ pasaron adentro. (1) _____ subieron al piso de arriba. El papá condujo a la niña por todos los rincones de la casa, (4) _____ la sala, la cocina, el baño y (3) _____ las recámaras. (3) _____ le enseñó la oficina donde haría sus dibujos. Ella estaba fascinada con cada uno de estos lugares, (4) _____ con su propia recámara, que sería para ella sola y, (6) _____ ya no debería compartir con nadie. (2) _____ la cocina, se imaginó que le gustaría esperarlos a todos allá haciendo panecillos. (1) _____ ella subió rápidamente a «su» recámara sólo para descubrir que debían abandonar la casa porque ya la iban a cerrar. (6) _____ , la casa no era de ella y nunca iba a serlo a no ser que se sacaran la lotería. Desde entonces ella ya no volvió a creer en las promesas de su padre. (5) _____ , siempre tuvo la peor opinión sobre él. (6) _____ , «La casa nueva» demuestra que no deben hacerse promesas que no se pueden cumplir.

COMPOSICIÓN

¿Debe prolongarse la vida de los enfermos incurables? En los últimos años ha habido varios casos en los que los familiares de un enfermo han tratado de no prolongar su vida para que no sufra más. En un papel aparte, exprese su opinión sobre este problema de interés general. Puede sustentar su opinión con alguna experiencia propia que Ud. o su familia haya experimentado. Use el subjuntivo y la voz pasiva. No se olvide de poner en práctica las palabras de transición que aprendió.

1. ¿Piensa Ud. que es bueno que la medicina prolongue la vida artificialmente? ¿Por qué?
2. ¿Quién cree Ud. que deba decidir el prolongar la vida o terminarla?
3. ¿Ha experimentado de alguna manera esta situación? ¿De qué manera?
4. Mencione ventajas o desventajas de la eutanasia.

Antes de entregar la composición, revise cuidadosamente la ortografía y los verbos.

Lectura introductoria

✄ Presentación de la lectura: «El asesino y la víctima»

¿Sabía Ud. que... ?

A consecuencia del aumento de la delincuencia y el crimen la gente ha recurrido a buscar diferentes formas de protección. En ese intento algunas personas han optado por la adquisición de armas de fuego. Las alarmas costosas también se han convertido en un accesorio indispensable del auto y de la casa. La facilidad de adquisición de armas de fuego, sin embargo, es un tema muy discutido por las autoridades, ya que el uso de éstas causa más problemas de los que soluciona.

En el cuento «El asesino y la víctima», de la escritora española Marina Mayoral, el narrador es una de estas personas que optan por tomar todas las precauciones necesarias para evitar ser una víctima más de la violencia. El dilema actual de poseer un arma de fuego en la casa está dramáticamente descrito en la voz de un narrador neurótico que decide por último defenderse de otra persona a la que considera su agresor. El uso de comas acentúa la conglomeración de pensamientos y temores que llevan al narrador a justificar su decisión.

Antes de leer

Charle con un(a) compañero(a) de clase y respondan a las siguientes preguntas.

1. Cuando Ud. lee en el periódico o ve en la televisión la noticia de un crimen, ¿qué piensa?
2. ¿Alguna vez ha sido víctima de un robo? ¿Conoce a alguien que lo haya sido?
3. ¿Qué precauciones tomaría Ud. si viviera solo(a)? ¿Por qué?
4. ¿Qué precauciones toma cuando sale solo(a) a altas horas de la noche? ¿Cómo se siente?
5. ¿Le molesta no sentirse seguro? ¿Por qué?
6. ¿Está Ud. a favor o en contra de la posesión de armas de fuego? ¿Por qué?

⚜ La lectura

El asesino y la víctima

de Marina Mayoral

Lees la noticia en el periódico y piensas: no se puede vivir así, hay que poner remedio a esto, hacer algo. Pero no hay nada que hacer, todo es inútil, ahora lo sé. Oyes unos pasos a tu espalda y te cambias de acera estúpidamente, el que te sigue es uno como tú, muerto de miedo, si fuese de otro modo de qué te serviría cruzar la calle y apretar el paso; siempre son más rápidos que tú, más decididos, lo mismo con las puertas blindadas o los cerrojos, ni siquiera en casa puedes estar seguro. Te encierras con todo cuidado y el otro está ya dentro, escondido en la oscuridad, siempre más hábil que tú, más acostumbrado a usar la navaja, más diestro con un arma de fuego, sin darte tiempo a coger esa pistola que escondes bajo llave vergonzosamente en la mesa del despacho, en el cajón de la cómoda, al fondo del armario entre los calzoncillos y los calcetines, para qué, nunca llegarás a tiempo, el otro está detrás de la puerta, detrás de la cortina de la ducha, en el armario del hall entre los abrigos, esperando a que tú cierres bien la puerta, como un imbécil, riéndose en silencio de tus precauciones y tu miedo, sabe que estás solo, como todas las tardes, como todas las noches, esas largas noches de invierno que empiezan cuando los demás salen del trabajo y se van a sus casas a reunirse con su familia, y tú enciendes las luces del recibidor y das una vuelta por el piso, una ojeada rápida a las habitaciones, a los baños, por si la asistenta se ha dejado un grifo abierto, una ventana mal cerrada. Sabes que es un pretexto, estás comprobando que no está ya dentro antes de volver a la entrada y echar el cerrojo, manías de solitario, te dices para tranquilizarte; es tan fácil entrar por la ventana del baño de servicio, bastaría un tablón desde esa otra de enfrente, la de doña Emilia, que también vive sola, o desde la terraza, o, más fácil aún, las llaves del portero. Les ha puesto un rótulo para dar más facilidades y las cuelga en un panel, perfectamente visible desde el portal, de qué vale una puerta blindada, no se puede decir que estés registrando la casa, el paseo te sirve al mismo tiempo para encender algunas luces: la de la cocina, la lámpara del pasillo que disipa esas sombras del fondo, pones la tele sin voz, aprietas la tecla del tocadiscos ya preparado de antemano, así la casa va perdiendo su aspecto deshabitado. Cuando vuelves a la sala con el vaso de whisky o la ginebra, el rincón del sofá tiene un aire casi íntimo, personal, te sientas cómodamente, bebes despacio, oyes música, lees, a veces miras lo que pasa en la pantalla del televisor; estás a gusto, pero de pronto algo llama tu atención, te fijas en el polvillo negro que cae por la chimenea, esa chimenea que nunca enciendes porque la calefacción es demasiado fuerte, agobiante, calefacción de viejos o de hospitales, la chimenea sólo la usas como repisa para los retratos de los padres con el marco de plata antigua y el reloj de bronce. Ha caído polvo, no hay duda y antes, te das cuenta, ha habido un ruido, justo en el momento en que el disco se acaba y el brazo mecánico del aparato va y viene para empezar de nuevo, un ruido raro como de un animal reptante, algo pesado y grande que se arrastra, y después otra vez la lluvia negra, silenciosa, que cubre de polvo la plancha de la chimenea...

Cuando lo lees en los periódicos piensas: un tío con lo que hay que tener, o un cochino fascista acostumbrado a matar. Casi siempre se organiza polémica. Para unos habré hecho bien defendiéndome, para otros seré un asesino, sin matices, pura y simplemente un asesino, y él, el que ha entrado en mi casa descolgándose por la chimenea, una víctima. Cuando sucede no puedes pensar, no hay tiempo, siempre es así, no valen precauciones, aparecen donde menos los esperas, como una araña, no sabes de dónde ha salido y de pronto está allí, negra y peluda sobre la pared blanca, siempre silenciosa, sólo a veces por la noche un leve ruido, un plof blando anuncia su presencia, se ha dejado caer desde el techo, se ha descolgado, enciendes la luz y está sobre la colcha con las patas extendidas, o más cerca aún, sobre el embozo de la sábana, lo mismo, el tiempo de un pestañeo y allí estaba, sobre la plancha de la chimenea, agazapado, dispuesto a abalanzarse sobre mí, se incorporó, abrió los brazos y entonces disparé.

Nunca he matado una araña. Cuando yo era pequeño mi padre se encolerizaba y acusaba a mi madre de mimarme y de estarme convirtiendo en una niña, pero yo no podía hacerlo, incluso muertas me daban miedo: las patas replegadas, el cuerpo viscoso y negro... Me quedé mucho rato inmóvil con la pistola en la mano, mirándolo: un líquido oscuro se fue acumulando junto a la chimenea hasta formar un charco. Pensé que iba a pasar al piso de abajo, estas casas viejas tienen el parqué muy desgastado; creo que fue lo primero que pensé: que iba a gotear en la casa del farmacéutico a través de los intersticios de la madera. Eso me hizo reaccionar, guardé la pistola en el bolsillo y fui a buscar toallas grandes de baño. Son del ajuar de mi madre, de algodón blanco, muy puro. Las dejo caer sobre el charco y al verlas teñirse de rojo pienso que lo he matado, que he matado a un hombre, aunque mejor debería decir a un ladrón o a un asesino. No sé qué hacer. Las toallas empapan la sangre y yo pienso vagamente eso que piensas cuando lees la noticia en los periódicos: la pistola era de mi padre, un héroe de la guerra, la gente normal no tiene armas en casa, sobre todo no las lleva encima, en el cajón es inútil, no sirve para nada, y está además lo de tía Gertrudis, quién no tiene un loco en la familia, pero las circunstancias van sumando cargos, salen a relucir cosas absurdas: que vives solo, que tienes una pistola y el otro no va armado. Me acerco para comprobarlo, lo toco primero con el pie y después me arrodillo a su lado, el cuerpo está aún caliente, lleva un mono azul muy sucio, para qué necesita armas, le basta con sus manos, si el disco no llega a pararse justo en aquel momento ni le hubiera oído bajar, se escondería detrás de la puerta, detrás de las cortinas, detrás del sofá, alargaría las manos hasta mi cuello, apretaría hasta asfixiarme, siento que me falta el aire, no me atrevo a abrir la ventana por temor a que alguien vea lo que está pasando, me aflojo el cuello de la camisa, en los bolsillos lleva una cajetilla de Ducados, un mechero de propaganda y un pañuelo de color, en la muñeca izquierda un reloj japonés, ostentoso, y al cuello una cadena de oro y una medalla con un nombre y una fecha: una medalla de primera comunión, como la mía.

Los asesinos de las películas o de los relatos de terror enseguida se desembarazan del cuerpo muerto: lo entierran en el jardín, lo trocean, lo queman o lo meten en grandes sacos que luego arrojan al mar. Pero yo no soy un asesino, soy la víctima, he sido asaltado, atacado en mi propia casa, es allanamiento de morada con agravante de nocturnidad, aunque eso quizá no lo considerarían porque son sólo las ocho de una oscura tarde de invierno; dirán que soy un histérico, un neurótico, sacarán a relucir la historia de tía Gertrudis. Tengo que pensar con calma, reflexionar y no puedo hacerlo con ese hombre caído en medio del salón. Busco una manta y lo arrastro pasillo adelante hasta el dormitorio de mis padres, el armario está casi vacío, sólo los uniformes de papá, las botas, el sable, meto allí el cuerpo envuelto en la manta y cierro la puerta, las toallas las lavo en la lavadora y en el aclarado el agua sale ya limpia. Cuando vuelvo al salón se diría que no ha pasado nada, que todo ha sido una pesadilla, un mal sueño. Decido que lo mejor es no tomar la iniciativa, cuando vengan a pedirme explicaciones las daré: yo estaba en mi casa pacíficamente, he sido atacado, me he defendido y he vuelto a dejar las cosas como estaban, es fácil de entender, pero no quiero testigos indiscretos: llamo por teléfono a la asistenta y le digo que no venga, que salgo de viaje y que la avisaré a mi vuelta.

A la mañana siguiente voy a la Institución como todos los días, durante toda la jornada espero que aparezcan a detenerme, que ese desconocido que se acerca me enseñe una tarjeta, una chapa de policía, que al llegar yo a casa el portero les diga: ése es. Pero no pasa nada, ni al día siguiente, ni al otro. Al tercero, el hedor se extiende por todo la casa. No me atrevo a abrir las ventanas por miedo a que alguien más lo advierta. Cubro las rendijas del armario con un esparadrapo ancho y la situación mejora un poco. Al cabo de una semana me decido a tapiar el armario. No es una tarea fácil, tengo que aprovechar las horas en que la portería está vacía para traer a casa los ladrillos, la escayola, las herramientas y útiles necesarios, y además está la cuestión del olor: por precaución trabajo con las ventanas cerradas y, aunque me protejo la nariz con algodones, las náuseas me obligan a interrumpir la tarea y a salir con frecuencia a la terraza para airearme un poco y serenarme. Aun a riesgo de despertar sospechas retiro la llave de la portería, el portero es un entremetido que a fuerza de preguntar por la asistenta me ha obligado a urdir una historia estúpida, una de esas historias que cualquier fiscal utiliza para demostrar que es un crimen premeditado: le dije que la había despedido porque había echado en falta algunas cosas de valor. Me desazona esa mentira y me excedo en la indemnización a la asistenta y en explicaciones innecesarias, le digo que voy a contratar a un mayordomo porque necesito alguien por las noches en casa, también de eso sacarían consecuencias erróneas... No me importaría dar la cara si tuviera la seguridad de ser juzgado rectamente: yo estaba en mi casa, no hice nada más que defenderme, proteger mi vida y después mi intimidad, no soy un criminal, siempre he respetado las leyes, ni siquiera me gusta cazar, nunca he matado un animal, ni una araña. Él entró a robar, siempre es así, buscan dinero, objetos de valor, pero la vida humana no tiene valor para ellos, la vida ajena, no les importa matar por unos billetes, o por nada, porque los han descubierto o porque les defrauda el botín, pasa todos los días. Entran en la casa con cualquier pretexto y vuelven para robar, y si algo sale mal matan. Eso fue lo que pasó: los vecinos del quinto querían encender la chimenea, son muy viejos y dicen que tienen frío por las noches. El portero busca a alguien que limpie el tiro, no es un deshollinador sino alguien que hace de todo, chapuzas, así entra en las viviendas y sube al terrado, con eso le basta para darse cuenta de la situación: pisos antiguos con buenos muebles, ancianos achacosos, viejas solitarias, sin servicio o con una criada vieja, una presa fácil, para qué necesita armas, le basta con las manos, una almohada contra la cara del viejo hasta que cese de removerse, ni siquiera parece un crimen, dirían que fue un infarto, pero yo tenía la pistola, con eso no contaba, no le di tiempo a acercarse, a lanzarse contra mí, dirán que disparé sobre un hombre desarmado, lo diría incluso mi padre, indefenso dirán, y contarán todo eso que cuenta el portero.

El arreglo del dormitorio de mis padres me ocupó muchos días. Delante del armario puse la librería del pasillo y añadí una mesa camilla, una lámpara de estilo moderno y un sofá. Ya metido en obras remocé un poco el resto de la casa. Los trabajos de decoración me ayudaron a superar la primera etapa, a distraerme del temor de ser descubierto. Tenía la engañosa sensación de que todo el mundo estaba pendiente de mis actos y eso me llevó a extremar las precauciones y a complicarme la vida inútilmente. Con el paso del tiempo me convencí de que nadie había notado ningún cambio en mi conducta y de que nadie se interesaba por la suerte del ladrón. Poco a poco fui volviendo a mis hábitos de siempre, a mi rutina, con algunas pequeñas innovaciones: tengo una asistenta nueva y por las

Lectura introductoria **147**

noches me quedo a leer y a oír música en el antiguo dormitorio de mis padres, es más caliente que la sala, más recogido e íntimo. Ya no pienso en el ladrón con miedo, ni con odio por el trastorno que ha causado en mi vida, tampoco con remordimiento, desde luego; pienso que hice lo que debía hacer, era su vida o la mía, no pretendo que la mía sea más valiosa, ni mucho menos, pero yo por lo menos no me dedico a asaltar viviendas por la noche, es absurdo pensar que a esas horas estuviera limpiando la chimenea, a las ocho o quizá más de una tarde oscurísima de invierno.

El portero me ha preguntado si mi chimenea tira bien, los del quinto siguen quejándose de que hace humo, y hay que buscar a alguien que la limpie de nuevo, se limpió el año pasado, me dice, él conocía al tipo que lo hizo, un buen hombre un poco raro, vivía con su madre, al portero le gusta husmear en las vidas ajenas, desde que ella murió, dice, andaba descentrado, ni siquiera volvió a cobrar y se dejó en la terraza un gancho y el saco de arena, una chapuza, un año y vuelta a limpiar, pero era un buen hombre, el portero habla de él en pasado, igual trabajaba en domingos que en festivo, o se quedaba hasta las doce de la noche o se marchaba sin acabarlo, muy desordenado, desde que murió la madre andaba desnortado, no se podía contar con él para un trabajo fijo, iban a buscarlo y no estaba, como ahora, más de un año que no se sabía de él, un desastre, el portero está fastidiado porque tiene que buscar a alguien que le limpie la chimenea, ha ido varias veces a casa del ladrón, pero ya no vive allí, quizá se haya ido al pueblo, dice, como no tenía mujer ni hijos que mantener se iba cuando quería, un tipo raro, no se puede contar con él, cuando más falta hace te falla... Lo mismo pensarán de mí en la Institución, les molesta que me vaya en febrero, cuando hay más trabajo, dicen, o que de vez en cuando pida un permiso por asuntos propios, sin sueldo, no tienen en cuenta que son mis vacaciones, que estoy en mi derecho; yo no soporto las aglomeraciones, el gentío, necesito de vez en cuando un respiro, me gusta pasear por la playa tranquilamente, sin niños ni perros ajenos, me gusta el sol de invierno, tan tibio y un cuerpo joven junto al mío, algunos días al año, cuando yo quiero...

Estoy seguro de que entró a robar, pero a veces por la noche, cuando no duermo, me imagino que he matado a un pobre hombre que estaba limpiando mi chimenea, un tipo raro, un solitario que vivía con su madre, que llevaba al cuello la medalla de la primera comunión que ella le había puesto cuando era niño. Y otras veces imagino que no le oigo bajar, que me estrangula con sus manos peludas y negras, que arrastra mi cuerpo chimenea arriba y lo mete en el saco que tiene preparado, que me entierra en un descampado y nadie vuelve a saber nada de mí. En la Institución llamarían por teléfono dos o tres días, incluso enviarían a alguien a preguntar a casa, el portero coge las llaves y sube a mirar: todo está en orden, es un tipo raro, diría, nunca se toma las vacaciones en agosto como todo el mundo. La Institución avisaría a la policía dejando en sus manos el asunto, no quieren mezclarse, es una buena persona, dirían discretamente, soltero, no se sabe que tenga parientes cercanos ni amigos íntimos, vivía con su madre hasta que ella murió, un poco raro. El caso se archivará pronto. Y así una noche y otra. Me gustaría que hubiera alguien que me echara de menos, que llorarse mi ausencia: un compañero, un amigo, alguien dispuesto a luchar, a no resignarse, a arrostrarlo todo por encontrarme, por saber qué ha sido de mí, por recuperar al menos mi cuerpo. Pero no hay nadie. Ni siquiera ese policía de las películas o las novelas, el tipo honesto que no ceja, que no acepta la versión oficial, que sigue investigando y encuentra el cepillo y el gancho colgado de la chimenea y huellas de obras recientes en la casa. Nada.

Un día lo lees en el periódico, distraídamente, son noticias de prensa amarilla que sólo se destacan en periódicos que tú no lees: han aparecido unos huesos humanos al derruir una finca, o al excavar en un solar, no se sabe a quién pertenecen, no se sabrá nunca, junto a los huesos ha aparecido una medalla de oro con una fecha y un nombre que no significan nada para nadie.

Después de leer

Responda a las siguientes preguntas basándose en el relato «El asesino y la víctima».

1. ¿Por qué dice el narrador que ni siquiera en casa puede uno estar seguro?

   _____

   _____

2. ¿Cuál es el temor del narrador al comienzo del cuento?

   _____

   _____

3. ¿Quién es la víctima al comienzo del cuento? ¿Por qué?

   _____

   _____

4. ¿Quién es la víctima al final del cuento? ¿Por qué?

   _____

   _____

5. ¿Qué tipo de noticia acostumbra el narrador a leer en los periódicos?

   _____

   _____

Lectura introductoria

6. ¿De qué manera justifica el narrador su reacción ante el intruso?

_____

_____

7. ¿Sobre qué reflexiona el narrador al final del cuento?

_____

_____

8. ¿Por qué se siente tan solo el narrador?

_____

_____

9. ¿Por qué piensa el protagonista abandonar su casa?

_____

_____

10. Al final el narrador, al pensar en el destino del que acaba de matar, se da cuenta de su propia suerte. Explique de qué manera sabemos esto.

_____

_____

Ortografía

✂ El verbo *haber*

A. HAY

Hay se traduce al inglés como *there is, there are,* o *one has to.*

there is	En su ciudad **hay** mucha contaminación ambiental.
there are	**Hay** también grandes problemas de vivienda.
one has to	**Hay que** tener cuidado con la salud.

hay vs. **ay** vs. **ahí**

Ay es una palabra exclamativa.

¡**Ay**! ¡Qué pena me da no poder ir a tu fiesta!

Ahí es un adverbio de lugar, como **aquí, acá, allí** y **allá**.

Ahí están las pastillas que buscabas.

B. HABER

Haber se traduce al inglés como *to have eaten / been / gone.* En el presente perfecto lleva la letra **h** en ambas lenguas.

He ido a la casa de tu amigo.	*I **have** gone to your friend's house.*
Has recibido un mensaje.	*You **have** received a message.*
Camila **ha** hablado mucho de ti.	*Camila **has** talked a lot about you.*
A Manuel le duele el estómago porque **ha** comido demasiado.	*Manuel has a stomachache because he **has** eaten too much.*

ha vs. **ah** vs. **a**

Ah es una palabra exclamativa.

¡**Ah**!, ya recuerdo qué vine a hacer.

A es una preposición.

No conozco **a** ningún pediatra en esta ciudad.

Señora, ¿le ha dado Ud. la receta **al** farmacéutico?

En las vacaciones del año pasado fuimos **a** la playa.

¿Vas **a** ver **a** tu médico uno de estos días?

Mañana va **a** hacer calor. (Mañana hará calor.)

Mi prima va **a** ser enfermera. (Mi prima será enfermera.)

ACTIVIDAD 1

A. *Después que se hace público el lugar del crimen los periodistas entrevistan a los vecinos. Complete Ud. estos diálogos con las palabras **hay, ay** o **ahí** según convenga.*

PERIODISTA: ¿Qué opina Ud. de los restos que se encontraron en el departamento?

EL FARMACÉUTICO: ¡_____! ¡Qué horrible que estas cosas sucedan aquí, en este vecindario tan tranquilo! Nos mudaremos lo más pronto posible.

PERIODISTA: ¿Conocía Ud. personalmente a la persona que vivía en esta casa?

LA ASISTENTA: Sí, yo trabajaba para él. Por eso, creo que no _____ que sospechar de él. Tal vez se puede encontrar su diario _____ entre las cosas que dejó.

PERIODISTA: Se dice que _____ un diario. ¿Ud. piensa que se deba hacer pública su vida?

EL PORTERO: Sí, _____ que investigar a fondo y no ignorar que _____ criminales en esta ciudad.

PERIODISTA: Ud., que vivía en el departamento del quinto piso, ¿escuchó ruidos extraños?

VECINO DEL 5º PISO: ¡_____, qué cosas dice Ud.! No escuché nada. La mayoría de nosotros cree que él es inocente.

PERIODISTA: Disculpen. _____ llega el detective de homicidios. Adiós y gracias.

B. *Ahora escriba una oración con cada palabra tomando en cuenta su uso.*

1. **hay** _____

   _____

2. **ay** _____

   _____

3. **ahí** _____

   _____

ACTIVIDAD 2

A. *Estas son las precauciones que el narrador toma, al igual que muchos otros, para evitar ser una víctima más. Complete los espacios en blanco con **a**, **ha** o **ah**, según convenga.*

1. Se _____ cambiado de acera porque presiente que alguien lo persigue.

2. Se asegura una vez más de que nadie lo sigue antes de volver _____ la

   entrada y echa el cerrojo.

3. Entra _____ su casa y exclama, «¡_____! Otra vez la asistenta _____

   dejado la ventana mal cerrada.»

4. Da una ojeada rápida _____ las habitaciones y _____ los baños.

5. Ya _____ registrado toda la casa y _____ encendido algunas luces.

   Finalmente, prende el televisor y ahí ve _____ su actor favorito, víctima

   de un crimen premeditado en el avance noticioso de las seis de la tarde.

6. Presuroso se dirige _____ su garaje y enciende el sistema de alarma que

   _____ comprado por si alguien decide convertirlo en víctima.

7. Recostado sobre su sillón comenta: «¡_____! no hay nada más relajante

   que descansar sabiendo que uno está seguro en su casa.»

B. *Ahora escriba una oración con cada una de estas palabras tomando en cuenta su uso.*

1. **ha** _____

   _____

2. **ah** _____

   _____

3. **a** _____

   _____

ACTIVIDAD 3

El protagonista de «El asesino y la víctima» habla con el portero de su apartamento. Por primera vez tiene noticia de que hace un año un señor fue a limpiar las chimeneas, pero desapareció súbitamente. Ahora los vecinos del quinto tienen problemas nuevamente porque su chimenea hace humo. El portero trata de avisar al mismo señor pero no hay modo de encontrarlo. Lea el diálogo y escoja la opción correcta.

PROTAGONISTA: Buenos días, señor portero. Parece que (va a ser / va hacer / va a hacer) buen tiempo hoy, ¿no le parece?

PORTERO: Sí, afortunadamente. Los vecinos del quinto llevan una semana quejándose de que hace frío. Creo que éste (va a ser / va ser / va a hacer) un invierno duro.

PROTAGONISTA: Y ¿cuál es el problema? Tenemos calefacción y chimenea en todos los apartamentos. Además se sabe que pronto (va a ver / va haber / va a haber) más horas de sol. En consecuencia (va a ser / va a hacer / va hacer) menos frío.

PORTERO: Eso espero. De todos modos yo ya intenté avisar a un señor para que venga a deshollinar las chimeneas. Es el mismo que vino el año pasado. Pero algo pasó con él, porque desapareció dejando el trabajo a medias y sin cobrar. No sé qué (pensará a ser / pensará hacer / pensará ser) este año. De todos modos, no se puede confiar mucho en él. Desde que murió su madre anda un poco descentrado.

PROTAGONISTA: A lo mejor primero (va a ver / va haber / va a haber) si puede salir del armario.

PORTERO: ¿Qué decía Ud. del armario?

PROTAGONISTA: ¡Oh, disculpe! Nada, nada. Cosas mías.

El uso de la letra *h*

1. Los cognados que en inglés se escriben con **h** también llevan **h** en español.

   POR EJEMPLO:

alcohol	habitar	hábito	héroe
hipótesis	historia	honor	horrible
hospital	hotel	humor	prohibir

2. Se usa la **h** en muchas palabras que comienzan con los diptongos **hie-**, **hue-**.

hiedra	**hue**co
hierba	**hue**so
hierro	**hue**lla
hielo	**hue**rta
hiena	**hue**vo

   También se escriben con **h** las formas del verbo **oler** que empiezan con el diptongo **hue-**: **huelo, hueles**, etc.

3. Muchas palabras que no tienen cognados en inglés se escriben con **h**. Éstos son algunos ejemplos.

ahora	ahorrar	almohada	bahía
hablar	hacer	hasta	helado
herida	hermano(a)	hermoso(a)	hijo(a)
hombre	hombro	hora	horno
hoy	humo	huir	zanahoria

¡OJO! Estas palabras tienen un sonido similar pero su significado es muy diferente.

hola / ola

   Hola, ¿qué tal?
   Hay **olas** grandes en las playas de California.

echo (echar, tirar) / **hecho** (participio de **hacer**)

   Siempre **echo** (tiro) los desperdicios a la basura.
   ¿Has **hecho** la tarea para mañana?

hoja / ojo

   Ahora cualquiera puede tener **ojos** verdes.
   Las **hojas** de algunos árboles caen en otoño.
   Compré un libro que tenía muchas **hojas**.

Ortografía   **155**

ACTIVIDAD 4

Traduzca las siguientes palabras y escriba una oración con cada una de ellas.

1. *habit* _____

   _____

2. *man* _____

   _____

3. *pillow* _____

   _____

4. *leaves* _____

   _____

5. *daughters* _____

   _____

6. *history* _____

   _____

7. *footsteps* _____

   _____

8. *egg* _____

   _____

9. *herbs* _____

   _____

10. *ice* _____

    _____

11. *smoke* _____

    _____

12. *oven* _____

    _____

Las letras *ll* e *y*

En muchos de los dialectos del español las letras **ll** e **y** se pronuncian igual. Esto hace que a veces el estudiante se confunda al escribir. La siguiente información le ayudará en su escritura.

A. EL USO DE LA Y

1. Llevan **y** muchas formas de varios verbos.

    a. Los verbos en **-uir**.
       distribuyo
       contribuya
       construyó
       sustituyera

    b. Algunas formas del verbo **oír** y de otros que terminan en **-aer** y **-eer**.
       oyes
       oyó
       oyera
       creyeron
       creyéramos
       cayendo
       leyendo

2. También se escriben con **y** otras palabras frecuentes.

    ayer
    ayudar
    hoy
    ley
    mayo
    mayor
    proyecto
    rayo

B. EL USO DE LA *LL*

1. Se usa la **ll** en las palabras que terminan en **-illa** o **-illo**.

guerri**lla**	mantequi**lla**	maravi**lla**	meji**lla**
mi**lla**	rodi**lla**	si**lla**	ori**lla**
torti**lla**	vaini**lla**		
amari**llo**(a)	ani**llo**	bolsi**llo**	cigarri**llo**
casti**llo**	cuchi**llo**	tobi**llo**	

2. Llevan **ll** las palabras que terminan en **-illón**.

   sillón　　　　**millón**　　　　**mejillón**

3. También se escriben con **ll** otras palabras frecuentes.

apellido	callar	desarrollar	detalle
llamar	llegar	llenar	llorar
pollo	sello		

ACTIVIDAD 5

*Complete las palabras de la columna del centro con la letra **y** o **ll**; luego escríbalas en la columna correspondiente.*

y	¿**y** o **ll**?	**ll**
	toa_____as	
	_____egaron	
	_____ate	
	meda_____a	
	jo_____as	
	ca_____ó	
	cue_____o	
	paragua_____o	

Ahora, con un(a) compañero(a) escriba una oración:

1. con todas las palabras de la columna de la letra **y**.

   _____

   _____

   _____

2. con todas las palabras de la columna de la letra **ll**.

   _____

   _____

   _____

Gramática

✂ **El infinitivo**

A continuación se presenta los usos del infinitivo.

1. (infinitivo como sujeto de la oración)

   El infinitivo puede emplearse como sujeto de la oración.

   > En Navidad, **hacer** regalos toma mucho tiempo, pero **cocinar** toma mucho más tiempo.

2. (infinitivo como complemento de la oración)

   El infinitivo puede emplearse como complemento de la oración o, después del verbo **ser**, como predicado de la oración.

   > Te ruego **tener** todo preparado para la barbacoa.
   >
   > Lo que me importa es **pasarlo**[1] bien el día de cumpleaños.

3. (verbo + infinitivo)

   El infinitivo puede emplearse como complemento de un verbo conjugado cuando no hay cambio de sujeto.

   > **Deseo conocer** las fallas de Valencia.
   >
   > ¿Me dijiste que **pensabas visitar** Valencia en marzo?

4. (preposición + infinitivo)

   Después de una preposición se usa el infinitivo (no el gerundio como en inglés) en oraciones en que no hay cambio de sujeto.

   > Después **de cantar** y **bailar** toda la noche se retiraron a sus casas.
   >
   > No descansarán **hasta**[2] **encontrar** papel de envolver para todos los regalos.
   >
   > Se marchó **sin desearme** felicitaciones.

5. (pronombre del complemento directo + verbo de percepción + infinitivo)

   Se usa el infinitivo después de los verbos de percepción como **escuchar, mirar, oír, sentir,** y **ver.** Generalmente hay otro agente para la acción indicada por el infinitivo y se requiere el pronombre del complemento directo.

   > **Los he visto cantar** villancicos cada año.
   >
   > Toda la noche **la oyeron reír** por los chistes que sus amigos contaban.

---

[1] Los pronombres van detrás del infinitivo formando una sola palabra.

[2] Si hay cambio de sujeto se usa el subjuntivo. Ejemplo: No descansarán **hasta** que alguien **encuentre** papel de envolver para todos los regalos.

---

6. pronombre del complemento indirecto + $\begin{cases} \text{expresión impersonal} \\ \qquad\qquad\text{o} \qquad\qquad + \text{infinitivo} \\ \text{verbo de voluntad} \end{cases}$

Después de las expresiones impersonales (**es difícil, es necesario,** y otras) y de los verbos de voluntad, se puede usar el infinitivo como alternativa del subjuntivo. Esta construcción generalmente requiere el pronombre del complemento indirecto.

> **No es difícil encontrar** amigos para el Día de Acción de Gracias.
>
> ¿Tus padres **te permitieron ir** a la fiesta de graduación?

7. **tener que / haber de / haber que** + infinitivo

Para expresar:

a. obligación personal se usa **tener que** + infinitivo *(to have to)* o **haber de** + infinitivo *(should, to be supposed to).*

> **Tendremos que suspender** el viaje.
>
> **Tenían que pasar** por Miami.
>
> **Han de pensarlo** bien.
>
> **He de terminarlo** antes de las nueve.

b. obligación impersonal se usa **haber que** + infinitivo *(one must... it it necessary).*

> **Hay que preparar** buena comida para cualquier fiesta.
>
> Me dijeron que **había que tener** cuidado con el champán.

8. **al** + infinitivo

Se usa en expresiones temporales como equivalente de **en el momento de** *(upon + -ing).*

> **Al concluir** el desfile volvimos al hotel.
>
> Se puso triste **al recordar** a su familia el Día de los Muertos.

9. **de** + infinitivo

Se usa como equivalente de las oraciones **si** + indicativo o **si** + subjuntivo.

> **De tener tiempo,** iré a verte en Pascua. (Si tengo tiempo...)
>
> **De poder hacerlo,** me iría a una isla caribeña a pasar la Navidad. (Si pudiera hacerlo...)

10. **el infinitivo en instrucciones**

Se usa como equivalente del imperativo en anuncios impersonales.

> No **pisar** el césped. (No pise...)
>
> **Doblar** a la izquierda. (Doble...)
>
> **Tomar** la medicina antes de acostarse. (Tome...)

ACTIVIDAD 6

Complete las siguientes oraciones con el infinitivo. Después, identifique y escriba el uso específico al que corresponde cada oración.

MODELO: El letrero decía: «Por su seguridad, no **caminar** por este callejón _____
después de las 9:00 de la noche.» _____
USO: El infinitivo en instrucciones. _____

1. A veces voy al cine a las 9:00 p.m. sin _____

    USO: _____

2. Un día recibí una llamada obscena y desde entonces decidí _____

    USO: _____

3. A mí no me gusta _____

    USO: _____

4. Las autoridades de seguridad dicen que hay que _____

    USO: _____

5. Siempre consulto con alguien antes de _____

    USO: _____

6. Tengo que _____ para _____

    USO: _____

7. No descansaré hasta _____

    USO: _____

8. El médico forense nos entrega las pruebas al _____

    USO: _____

9. Es evidente que fue homicidio y tienen que _____

    USO: _____

10. Al supuesto asesino lo arrestaron por _____

    USO: _____

Gramática   **161**

El imperativo

A. EL USO DEL IMPERATIVO

El imperativo se usa para dar órdenes directas. Los pronombres **Ud.** y **Uds.** se añaden generalmente después del verbo como forma de cortesía. Los pronombres **tú** y **nosotros** se omiten excepto cuando se quiere dar énfasis al mandato.

> **Recuerde Ud.** practicar actividades aeróbicas.
>
> **No se olviden Uds.** de servir comidas sanas.
>
> Antes de trotar, **haz** cinco minutos de estiramiento lento.
>
> **No salgas** sin abrigo porque te puedes resfriar.
>
> **Practiquemos** la natación más a menudo.

Los pronombres reflexivos y de complemento directo e indirecto se colocan después del verbo en la forma afirmativa y antes del verbo en la forma negativa.

> **Levántese** de inmediato.   **No se levante** todavía.
>
> **Tráigamelo** aquí.   **No me lo traiga** aquí.
>
> **Envíalo** mañana.   **No lo envíes** hasta mañana.
>
> **Hagámosle** preguntas.   **No le hagamos** preguntas.

B. LAS FORMAS DEL IMPERATIVO FORMAL (UD., UDS.)

Para el imperativo formal se usan las mismas formas que las de la tercera persona del singular y del plural del presente del subjuntivo.

Infinitivo	Afirmativo	Negativo
preguntar	pregunte Ud.	no pregunte Ud.
	pregunten Uds.	no pregunten Uds.
vender	venda Ud.	no venda Uds.
	vendan Uds.	no vendan Uds.
dormir	duerma Ud.	no duerma Ud.
	duerman Uds.	no duerman Uds.
lavarse	lávese Ud.	no se lave Ud.
	lávense Uds.	no se laven Uds.

C. LAS FORMAS DEL IMPERATIVO FAMILIAR (TÚ)

El imperativo afirmativo de la forma familiar **tú** tiene las mismas formas que la tercera persona singular del presente del indicativo. Para el imperativo negativo se usa la forma de la segunda persona singular del presente del subjuntivo.

Infinitivo	Afirmativo	Negativo
mirar	mira (tú)	no mires
pedir	pide (tú)	no pidas
volver	vuelve (tú)	no vuelvas

Algunos verbos son irregulares en el imperativo afirmativo, pero las formas negativas siguen la regla anterior.

Infinitivo	Afirmativo	Negativo
decir	di	no digas
hacer	haz	no hagas
ir	ve	no vayas
ser	sé	no seas
salir	sal	no salgas
poner	pon	no pongas
tener	ten	no tengas
venir	ven	no vengas

D. LAS FORMAS DEL IMPERATIVO DE NOSOTROS

Para formar el imperativo de **nosotros** usamos la primera persona del plural del presente del subjuntivo (INGLÉS: *let's* + verbo[3]).

Infinitivo	Afirmativo	Negativo
salir	salgamos	no salgamos
entregar	entreguemos	no entreguemos
correr	corramos	no corramos

Los verbos reflexivos pierden la -s final en el imperativo afirmativo. En el negativo siguen la forma del subjuntivo.

Infinitivo	Afirmativo	Negativo
quedarse	(quedemos + nos) = quedémonos[4]	no nos quedemos
levantarse	(levantemos + nos) = levantémonos	no nos levantemos
ponerse	(pongamos + nos) = pongámonos	no nos pongamos

El verbo **ir** es irregular en el imperativo afirmativo. En el negativo sigue la forma del subjuntivo.

Infinitivo	Afirmativo	Negativo
ir	vamos	no vayamos
irse	vámonos	no nos vayamos

---

[3] *Let's* se puede expresar también usando el modo indicativo **vamos a** + infinitivo en el afirmativo: **Vamos a estudiar** ahora. En el negativo sólo se usa la forma del subjuntivo.

[4] ATENCIÓN: Cuando se agrega el pronombre hay que escribir un acento sobre la antepenúltima sílaba.

Gramática

ACTIVIDAD 7

Ud. es el jefe de detectives de homicidios en la estación de la policía. De pronto entran en su oficina dos de sus agentes y le informan que hallaron un cadáver en el solar de una finca. Dé cinco instrucciones a sus agentes usando el imperativo formal (Ud., Uds.) y escríbalas a continuación.

MODELO: **Llamen** al médico forense.

1. _____
2. _____
3. _____
4. _____
5. _____

ACTIVIDAD 8

Complete la siguiente postal que los detectives encontraron en la finca y que sirve como una pista para averiguar adónde ha escapado el posible asesino. Use el imperativo familiar de todas las palabras en la lista; una de ellas se repite dos veces.

animarse / pedir / llamar / dejar / quedarse / avisarme / venir

Querido _____:

Me apena saber que estás deprimido. Anda, ¡_____! Entiendo que no quieras contarme lo que te pasa, pero cambiar de ambiente te hará muy bien. _____ y _____ aquí conmigo por un tiempo. _____ de tomar esos calmantes y pastillas para dormir que al final te van matando poco a poco. _____ hoy mismo a mi hermana y _____ que te reserve un asiento en el siguiente vuelo. _____ si te animas a venir. _____ (a mí) al número de siempre, ya sabes tú cuál es.

Tu amigo de siempre,

Miguel R.Z.

ACTIVIDAD 9

Ahora con un(a) compañero(a) ayude al narrador a escribir una carta en respuesta a la invitación del amigo Miguel. Use el imperativo familiar negativo.

MODELO: **No te preocupes** por mí...
...**no vengas** a buscarme...

Querido Miguel:

_____

_____

_____

_____

_____

_____

_____

_____

_____

_____

_____

_____

_____

_____

_____

_____

_____

_____

_____

_____

_____

_____

_____

_____

_____

ACTIVIDAD 10

El grupo de detectives encargado de buscar al sospechoso, ahora un fugitivo, tendrá que salir del país en busca de él.

A. *Cambie el infinitivo de cada oración al imperativo de **nosotros** y escríbalo a continuación. Preste atención al cambio en las formas negativas.*

levantarse temprano _____

salir mañana a primera hora rumbo a Chile _____

ir a la estación de investigadores privados _____

no dar demasiados detalles _____

buscar el domicilio o trabajo del amigo _____

no interrogarlo directamente sino disimuladamente _____

presentar los cargos _____

iniciar el proceso de extradición _____

traerlo inmediatamente para que sea juzgado _____

B. *Ahora en grupo y con mucha imaginación, utilice los verbos de la lista para elaborar un plan, el cual está siendo discutido entre todos los detectives, para hacer más eficiente la captura del sospechoso.*

MODELO: ....busquemos el domicilio del amigo...

_____

_____

_____

_____

_____

_____

_____

_____

_____

_____

_____

_____

_____

_____

_____

_____

El gerundio

A. LAS FORMAS DEL GERUNDIO

1. Ud. recordará que el gerundio es invariable. Los verbos regulares forman el gerundio con las siguientes terminaciones:

Infinitivo	Radical	+	Terminación	Gerundio
llamar	llam		**-ando**	llam**ando**
encender	encend		**-iendo**	encend**iendo**
transmitir	transmit		**-iendo**	transmit**iendo**

2. Los verbos de las conjugaciones **-er, -ir** cuyo radical termina en una vocal toman la terminación **-yendo** en lugar de **-iendo**.

Infinitivo	Radical	+	Terminación	Gerundio
caer	ca			ca**yendo**
creer	cre			cre**yendo**
leer	le		**-yendo**	le**yendo**
construir	constru			constru**yendo**
oír	o			o**yendo**

3. Los verbos de la conjugación **-ir** que sufren en la tercera persona del pretérito un cambio de la vocal radical (**o > u, e > i**) sufren en el gerundio el mismo cambio de vocal.

Infinitivo	Pretérito	Gerundio
decir	dijo	diciendo
dormir	durmió	durmiendo
morir	murió	muriendo
pedir	pidió	pidiendo
poder	pudo	pudiendo
sentir	sintió	sintiendo
venir	vino	viniendo

Hay un solo gerundio irregular: ir, **yendo**

B. LOS USOS DEL GERUNDIO

1. (**estar** + gerundio)

   El uso más corriente del gerundio es con el verbo **estar** para expresar que una acción está en progreso.

   > **Están hablando** de las noticias locales.
   > **Estaban refriéndose** al comentarista de la televisión.
   > Me gustaría que **estuviera actuando** en el teatro local.

2. (verbos de movimiento + gerundio)

   Los verbos de movimiento como **ir, venir, andar, entrar, salir** y **llegar** + gerundio describen una acción que se viene desarrollando gradualmente.

   > **Va creciendo** el número de televidentes.
   > Los recién llegados **entraron hablando** de las estrellas de cine.

   ATENCIÓN:

   Dos de estos verbos al traducirse al inglés tienen un matiz diferente.

   > **venir** + gerundio: *to keep -ing*
   > **andar** + gerundio: *to go around -ing*

   > **Vienen diciendo** lo mismo desde hace mucho tiempo.
   > Me dijo que **andaba buscando** trabajo como locutor de radio.

3. (verbos de continuidad + gerundio)

   Los verbos **continuar** y **seguir** + gerundio refuerzan la acción continua.

   > ¿**Continúas transmitiendo** el boletín de noticias?
   > **Seguiremos exigiendo** una buena televisión pública.

4. (pronombre de complemento directo + verbo de percepción + gerundio)

   Con los verbos de percepción se puede usar el gerundio en lugar del infinitivo.

   > Los **vi saliendo** (salir) del concierto de Maná.
   > La **oímos pidiendo** (pedir) a gritos «socorro».

5. (el gerundio en función de adverbio)

   El gerundio puede usarse como adverbio:

   a. para modificar un verbo.
   > La actriz contestó **riendo** al entrevistador.
   > A menudo lo llamaba **quejándome**.

   b. para explicar cómo se puede hacer algo (INGLÉS: *by* + gerundio).
   > **Trabajando** mucho, lograron mejorar su situación económica.
   > Se puede aprender mucho **mirando** los programas educacionales.

   c. cuando está subordinado a otro verbo y las dos acciones coinciden en algún momento del tiempo.
   > **Repitiendo** sus oraciones se quedó dormido.
   > **Sonriendo** al público, Julio Iglesias se despidió de ellos.

RECUERDE QUE:

1. cuando el gerundio va acompañado de los pronombres de complemento directo e indirecto lleva acento escrito si los pronombres van después.

> Juan está **dándole** el boleto a Magda.
> Juan está **dándoselo** a Magda.

> PERO:

> Juan **le** está **dando** el boleto a Magda.
> Juan **se lo** está **dando** a Magda.

2. en español no se usa el gerundio después de las preposiciones, sino el infinitivo.

> **Antes de ir** al teatro podemos comer algo.

ACTIVIDAD 11

La venta de pistolas para uso personal está siendo cuestionada por las autoridades debido a la irresponsabilidad de sus dueños. Además, ha surgido un negocio de contrabando de este tipo de pistolas a consecuencia del período de espera al que se somete todo comprador. Este contrabando es el que facilita la adquisición de las mismas por delincuentes y criminales.

Complete las siguientes oraciones con un verbo correcto de la lista, cambiándolo al gerundio. En algunos casos hay más de una respuesta posible.

1. Hemos venido _____ las ventajas y desventajas del uso de armas de fuego para defensa personal.	**tomar**
	abandonar
2. Las autoridades están _____ de buscar otra solución, ya que muchos inocentes están_____ a causa de la facilidad con que uno puede adquirir una de estas armas.	**tratar**
	ver
	controlar
3. _____ en cuenta la gravedad de la situación, desde hace algún tiempo las autoridades han venido _____ medidas para controlar la venta de armas a cualquiera que desee comprar una.	**restringir**
	debatir
	considerar
	morir
4. Se podría lograr un mejor control _____ la venta y _____ un período de espera.	**fijar**
	comprender
5. Después de un largo debate los senadores concluyeron _____ todos los diferentes puntos de vista.	**tener**

Gramática **169**

ACTIVIDAD 12

Supongamos que Ud. vio en el cine el cuento «El asesino y la víctima» en una adaptación hecha por un director de cine peruano. Cuéntele a un(a) compañero(a) con todo lujo de detalles lo que sucede en la película. Escriba cinco oraciones usando el gerundio.

MODELO: El protagonista era un paranoico y caminaba **mirando** de un lado para otro, pensando que alguien lo estaba **siguiendo**.

1. _____

  _____

  _____

2. _____

  _____

  _____

3. _____

  _____

  _____

4. _____

  _____

  _____

5. _____

  _____

  _____

ACTIVIDAD 13

Ponga el verbo entre paréntesis en el gerundio y haga oraciones lógicas con los elementos de los dos cuadros.

MODELO: **Llegando a casa**, después de trabajar, **haré todo lo posible por no prender todas las luces**.

> (Llegar) a casa...
> Ud. bien sabe que (hablar) de eso...
> (Pensar) en que alguien...
> (Recordar) el temor que sentí en ese instante...
> (Hacer) mis arreglos clandestinos...
> (Volver) a casa...

> ...se me pasan las horas volando.
> ...descubriría lo que hice, tuve que mudarme.
> ...hallé un cadáver detrás de la pared del armario.
> ...pienso que hice lo correcto.
> ...me llevarán derechito a la silla eléctrica.
> ...haré todo lo posible por no prender todas las luces.

1. _____

   _____

2. _____

   _____

3. _____

   _____

4. _____

   _____

5. _____

   _____

6. _____

   _____

El futuro perfecto y el condicional perfecto

A. LAS FORMAS

El futuro perfecto y el condicional perfecto se forman con el verbo auxiliar **haber** y el **participio pasado**. En el futuro perfecto, **haber** está en el futuro (**habré**, **habrás**, etc.) y en el condicional perfecto, **haber** está en el condicional (**habría**, **habrías**, etc.)

Formación del futuro perfecto			
	apagar	decir	encender
habré			
habrás			
habrá	apagado	dicho	encendido
habremos			
habréis			
habrán			

Formación del condicional perfecto			
	enviar	escribir	recibir
habría			
habrías			
habría	enviado	escrito	recibido
habríamos			
habríais			
habrían			

B. LOS USOS

El futuro perfecto

1. El futuro perfecto corresponde a *will have* en inglés. Indica una acción anterior a un punto de referencia en el futuro.

   Te aseguro que todos **habrán olvidado** esa noticia en un año.

2. El futuro perfecto también puede expresar probabilidad.

   Ya **habrá enviado** el mensaje.
   (Probablemente ya **ha enviado** el mensaje.)

El condicional perfecto

1. El condicional perfecto corresponde a *would have* en inglés. Indica una acción anterior a un punto de referencia en el pasado.

   Te aseguré que todos **habrían olvidado** esa noticia.

2. El condicional perfecto también se usa para expresar deseo o posibilidad ante una condición contraria a la realidad.

   Habría ido, pero no me invitaron.
   Habrías terminado si hubieras comenzado temprano.

ACTIVIDAD 14

¿Qué habrá pasado en su vida para el año 2002? Para entonces muchos aspectos de su vida habrán cambiado. Formule preguntas siguiendo el modelo, y déles una respuesta afirmativa. Tenga cuidado con los participios irregulares.

MODELO: terminar la escuela secundaria (Ud.)
—¿Cree Ud. que para el año 2002 habrá terminado la escuela secundaria?
—¡Claro que habré terminado la escuela secundaria!

¿Cree Ud. que...?

1. aprender varios idiomas (Ud.)

   _____

   _____

2. conseguir un buen trabajo (Ud.)

   _____

   _____

3. resolver los problemas (nosotros)

   _____

   _____

4. construir un mundo mejor (los políticos)

   _____

   _____

5. hacer nuevos amigos (Uds.)

   _____

   _____

6. decir muchas tonterías (tú)

   _____

   _____

7. satisfacer los requisitos escolares (yo)

   _____

   _____

8. ser una persona famosa (Ud.)

   _____

   _____

Gramática **173**

ACTIVIDAD 15

El protagonista del cuento «El asesino y la víctima» dice: «para unos habré hecho bien defendiéndome, para otros seré un asesino». ¿Y para Ud.? ¿Por qué cree Ud. que habrá disparado contra el señor que entró en su casa por la chimenea? Haga tres conjeturas usando el futuro perfecto.

MODELO: **Habrá estado trastornado** por el miedo.

1. _____
2. _____
3. _____

ACTIVIDAD 16

¿Qué habría hecho Ud. en su lugar? Ahora recuerde lo que pasa en «El asesino y la víctima» y diga lo que habrían hecho algunos de Uds. en caso de ser uno de estos personajes.

1. En lugar del protagonista: Yo, en su lugar, _____

   _____

2. En lugar del señor que entró por la chimenea: Tú, en su lugar, _____

   _____

3. En lugar del portero: Nosotros(as), en su lugar, _____

   _____

4. En lugar de los vecinos ancianos: Uds., en su lugar, _____

   _____

5. En lugar de la asistenta: Ud., en su lugar, _____

   _____

ACTIVIDAD 17

¿Cómo habría terminado este cuento en caso de haberlo escrito Ud.? Basándose en los mismos personajes y en la misma situación de «El asesino y la víctima», imagine el final que Ud. le habría dado y lo que los personajes habrían hecho. Trate de defender al señor que sólo quería limpiar la chimenea. Use el condicional perfecto.

_____

_____

_____

_____

_____

_____

El pluscuamperfecto del subjuntivo

A. LAS FORMAS DEL PLUSCUAMPERFECTO DEL SUBJUNTIVO

Formamos el pluscuamperfecto del subjuntivo con el imperfecto del subjuntivo de **haber** y el participio pasado.

Formación del pluscuamperfecto del subjuntivo			
	enviar	**ver**	**dirigir**
hubiera hubieras hubiera hubiéramos hubierais hubieran	enviado	visto	dirigido

B. LOS USOS DEL PLUSCUAMPERFECTO DEL SUBJUNTIVO

Se usa el pluscuamperfecto del subjuntivo en cláusulas subordinadas:

1. para describir una acción pasada, anterior a otra acción. El verbo de la cláusula principal está en el pasado del indicativo y exige el uso del subjuntivo en la cláusula subordinada.

   No podíamos creer que **hubiera contratado** una banda de rock para su boda.

   Tuve mucho miedo de que **hubieran llamado** cuando yo estaba fuera.

2. para expresar una acción hipotética o contraria a la realidad en el pasado. El verbo de la cláusula principal está en el condicional y exige el uso del subjuntivo en la cláusula subordinada.

   Sería una lástima que Manuel **hubiera echado** la carta sin sellos.

   Me daría mucha vergüenza que **hubieras hecho** esa tontería.

3. para expresar una condición pasada incierta o contraria a la realidad. En estos casos se usa el pluscuamperfecto del subjuntivo en la cláusula que comienza con **Si**.

   Si lo **hubiera sabido**... (no sabía)

   Si **hubiera estudiado** más... (no estudié)

La posible consecuencia en el pasado se puede expresar con el condicional perfecto o el pluscuamperfecto del subjuntivo.

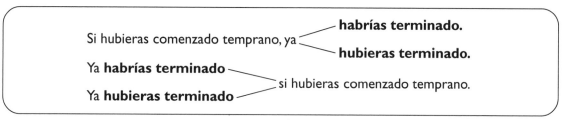

Si **hubiera sido** cartero **habría (hubiera) conocido** el nombre de todas las calles.

ATENCION:

De + infinitivo sirve para reemplazar el pluscuamperfecto del subjuntivo en la cláusula de «**si**...»

> **De comenzar** temprano, ya **hubieras (habrías)** terminado.
>
> **De ser** cartero, **hubieras (habrías) conocido** el nombre de todas las calles.

ACTIVIDAD 18

Probablemente Ud. no vivió ninguna de estas situaciones. Escriba una frase comentando lo que habría hecho en caso de haberlas vivido.

MODELO: Ud. no nació en 1950.
          Si Ud. hubiera nacido en 1950, habría conocido al presidente Kennedy.

1. Ud. no conoció al presidente Johnson.

   _____

2. Nosotros(as) no nacimos en Argentina.

   _____

3. Yo no viví en Hawaii.

   _____

4. Uds. no viajaron a la luna.

   _____

5. Tú no fuiste a una guerra.

   _____

ACTIVIDAD 19

Formulemos hipótesis sobre el cuento «El asesino y la víctima». Llene los espacios en blanco usando el condicional perfecto o el pluscuamperfecto de subjuntivo, según corresponda.

Si el protagonista _____ (ser) una persona más relajada, no _____ (sentir) miedo y no _____ (pensar) que necesitaba la pistola de su padre para defenderse. Si él _____ (solicitar) ayuda de un especialista_____ (superar) el problema del miedo y no _____ (disparar) al señor que quería limpiar la chimenea. Si el portero _____ (informar) a todos los vecinos de que alguien iba a limpiar las chimeneas, el protagonista _____ (estar) prevenido y no _____ (asustarse). El señor que quería limpiar las chimeneas no _____ (entrar) si los vecinos ancianos no _____ (quejarse) de que tenían frío. Nada de esto _____ (ocurrir) si las autoridades _____ (prohibir) la posesión de armas.

Los pronombres relativos

A. LOS USOS DE LOS PRONOMBRES RELATIVOS

1. El pronombre relativo sirve para unir dos oraciones simples y formar una oración compuesta. El pronombre relativo reemplaza a un sustantivo ya mencionado.

> El señor habla. **El señor** es actor de cine.
> El señor **que** habla es actor de cine.

2. El pronombre relativo puede ser sujeto o complemento del verbo.

> SUJETO: **Los muchachos** llegaron. (Los muchachos) son muy
>   simpáticos.
>   Los muchachos **que** llegaron son muy simpáticos.
>
> COMPLEMENTO: Recibí **la carta.** (La carta) es de mi padre.
>   La carta **que** recibí es de mi padre.

3. Los pronombres relativos pueden introducir dos clases de cláusulas subordinadas:

a. una cláusula restrictiva que completa el significado del antecedente y que no puede omitirse sin cambiar el sentido de la oración.

> ORACIÓN: Los libros **que recibí hoy** no me gustan.
> ORACIÓN PRINCIPAL: Los libros no me gustan.
> PRONOMBRE RELATIVO: que
> CLÁUSULA RESTRICTIVA: recibí hoy

b. una cláusula parentética que está separada de la oración principal por comas y sirve para ofrecer información adicional. Por lo tanto, esta información puede eliminarse sin alterar el sentido de la oración.

> ORACIÓN: El redactor del periódico, **quien parece ser muy amable**, quiere
>   conocerte.
> ORACIÓN PRINCIPAL: El redactor del periódico quiere conocerte.
> PRONOMBRE RELATIVO: quien
> CLÁUSULA PARENTÉTICA: parece ser muy amable

4. El pronombre relativo es indispensable en español y no puede omitirse como sucede frecuentemente en inglés:

> Ésta es la casa **que** me gusta. *This is the house (that) I like.*

B. LOS PRONOMBRES RELATIVOS

1.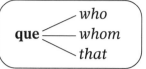

   a. El pronombre relativo **que** es invariable y reemplaza a personas o cosas. Es el pronombre relativo que más se usa.

   b. **Que** sigue al antecedente e introduce frecuentemente una cláusula restrictiva.

   > El hombre **que** habla es un periodista famoso. *(who)*
   > La muchacha **que** conocieron es mi novia. *(whom)*
   > Los periódicos **que** leímos eran muy interesantes. *(that)*

2.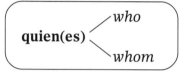

   a. El pronombre relativo **quien(es)** concuerda con el antecedente en número y reemplaza solamente a personas.

   b. **Quien(es)** introduce una cláusula parentética, separada de la cláusula principal por comas.

   > Raúl, **quien** fue mi compañero en la escuela, es locutor de radio. *(who)*

   c. Si el pronombre relativo **quien** se usa como complemento directo, lleva **a** delante de la persona.

   > Anoche conocí **a** la actriz María López. Ella preguntó por ti.
   > La actriz María López, **a quien** conocí anoche, preguntó por ti. *(whom)*

   d. **Quien(es)** se usa después de todas las preposiciones y reemplaza a personas.

   > La profesora Gallo, **con quien** hablé esta mañana, parecía muy contenta. *(whom)*
   > La bibliotecaria de la escuela, **de quien** te he hablado antes, se llama Cristina. *(whom)*

3.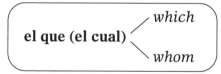

   a. El pronombre relativo **el (la, los, las) que (el cual)** concuerda en género y en número con el antecedente. Es el pronombre para reemplazar cosas y sigue a las preposiciones.

   > La telenovela **de la que (la cual)** te he venido hablando termina esta noche.
   > Los programas musicales **en los que (en los cuales)** aparece el cantante Luis Miguel son siempre muy populares.

   b. **El que (el cual)** se usa en lugar de **quien(es)** cuando sigue a una preposición, para identificar con mayor claridad el antecedente.

Gramática   **179**

Las bailarinas **en las que (en las cuales)** pensé no pueden trabajar en mi programa de TV porque tienen otro compromiso.

4.

```
          ╱ the one who (that)
el que ── the ones who (that)
          ╲ those who (that)
```

a. **El que** introduce una cláusula subordinada parentética (entre comas).
El (la, los, las) que distingue uno (una, unos, unas) entre varios al referirse a personas, cosas o lugares.

El periodista, **el que** escribió el artículo, es de Madrid. *(the one who)*
Este informe no es tan importante como **el que** leímos ayer.
(the one that)

b. **El que** se usa después del verbo **ser** para referirse a personas o cosas.

Estos carteros son **los que** distribuyen las cartas de la mañana.
(the ones who)
Esa emisora es **la que** transmite el mejor boletín de noticias.
(the one that)

c. **El que** se usa para indicar un antecedente no mencionado que puede ser persona o cosa.

Los que llegaron tarde al cine no encontraron boletos. *(those who)*
Estas casas son muy cómodas pero prefiero **las que** vimos ayer.
(the ones that)

5.

```
          ╱ which
lo que ── that which
          ╲ what
```

Lo que es el pronombre relativo neutro. Es invariable.

a. Se usa **lo que** cuando el antecedente es toda una idea expresada en una cláusula.

Los lectores criticaron el artículo de fondo, **lo que** molestó mucho al periodista. *(which)*

b. También se usa **lo que** para referirse a una idea imprecisa.

Lo que Ud. me dijo ayer nunca lo repetiré. *(that which, that)*
Francamente, no sé **lo que** va a pasar mañana. *(what)*

6. **cuyo(a, os, as)** — *whose*

a. **Cuyo** es el pronombre relativo que indica posesión. Concuerda en género y en número con el sustantivo que le sigue.

Esta es la historia de un hombre **cuyo** padre tenía una pistola.
El cuento nos relata la experiencia de dos personas **cuyas** vidas se cruzan.

b. **Cuyo** suele evitarse en el habla coloquial pero resulta muy útil para los usos escritos de la lengua.

ACTIVIDAD 20

Traduzca las siguientes oraciones al español usando los pronombres relativos correspondientes: **que, quien(es), el (la, los, las) que, el (la, los, las) cual(es), lo que** *o* **cuyo(a, os, as).**

1. The doorman is a character who gossips about the neighbors, and he is also the one who calls the chimney sweep.

    _____

    _____

2. The protagonist feels that he is always in danger, which is not true.

    _____

    _____

3. He is a person whose life revolves around his fears.

    _____

    _____

4. He has a gun that he inherited from his father and with which he kills the chimney sweep.

    _____

    _____

5. After the murder, he thinks he is someone at whom everybody looks, but soon he understands that nobody realizes what he did.

    _____

    _____

ACTIVIDAD 21

Complete las oraciones con los pronombres relativos **que, quien(es), el (la, los, las) que, el (la, los, las) cual(es), lo que** *o* **cuyo(a, os, as)** *según convenga.*

El narrador _____ nos relata el cuento «El asesino y la víctima» es un personaje muy extraño. Este hombre, _____ vive obsesionado por las noticias sobre crímenes, siente que su vida está constantemente amenazada. Las personas con _____ trabaja también piensan que actúa de forma rara pues toma las vacaciones en febrero, en vez de tomarlas en agosto. Pero él prefiere las épocas en _____ no hay turistas _____ lo molesten. Otro personaje importante de este cuento es _____ entra en la casa del protagonista por la chimenea. Se trata de un pobre hombre _____ madre ha muerto y desde entonces anda descentrado, según el portero, _____ lo contrató para que deshollinara la chimenea porque unos vecinos ancianos se

Gramática **181**

quejaban de que hacía mucho humo. El protagonista, _____ no está advertido de la visita del limpiador, piensa que se trata de un ladrón o asesino, siente un miedo incontrolable y acaba por disparar la pistola con _____ pensaba defenderse cuando le hiciera falta. Al final la víctima es _____ parecía ser el asesino y el asesino resulta ser _____ se cree la víctima. Esto es algo de _____ pasa en el cuento de Marina Mayoral.

ACTIVIDAD 22

Una las dos oraciones con un pronombre relativo.

1. Leímos un cuento. El cuento es muy intrigante.

   _____

   _____

2. El portero es un señor entremetido. El protagonista no puede confiar en el portero.

   _____

   _____

3. El deshollinador es otro personaje. El deshollinador tiene gran importancia en el cuento.

   _____

   _____

4. El protagonista posee una pistola. El protagonista mata al deshollinador con la pistola.

   _____

   _____

5. El protagonista es un enfermo de miedo. Su miedo tiene causas irracionales.

   _____

   _____

Los prefijos y los sufijos

Los prefijos y los sufijos son partículas que se unen a las palabras para formar otras palabras de significado parecido. El conjunto de prefijos y sufijos se conoce como **afijos**. Las palabras que contienen afijos (prefijos y sufijos) se llaman **derivadas**.

A. LOS PREFIJOS

Cuando estas partículas (afijos) van antes de la palabra se llaman prefijos. En «El asesino y la víctima» pudimos leer: «la casa va perdiendo su aspecto **deshabitado**». La palabra **deshabitado** está compuesta por el prefijo **des-** y el participio **habitado(a)**:

> **des-** (prefijo) + habitado = deshabitado

B. LOS SUFIJOS

Cuando los afijos van después de la palabra se llaman sufijos. En «El asesino y la víctima» vimos: «como una araña, no sabes de dónde ha salido y de pronto está ahí, negra y **peluda** sobre la pared blanca». La palabra **peluda** está compuesta por el sustantivo **pelo** y el sufijo -**uda**.

> pelo + -**uda** (sufijo) = peluda

En español, como en inglés y en muchas otras lenguas, hay largas listas de prefijos y sufijos. Aquí sólo se ofrece una introducción a este aspecto del español. Por eso, se trabajará solamente con algunos afijos que aparecen en «El asesino y la víctima». El diccionario será de gran utilidad para las actividades sobre prefijos y sufijos.

ACTIVIDAD 23

*El prefijo **des-** significa «acción inversa» (**deshabitar** es la acción inversa de* *habitar). Este prefijo es uno de los que más aparece en «El asesino y la víctima».*

*Identifique ocho palabras del relato que contienen el prefijo **des-**. Luego escriba* *una oración con cada una de ellas.*

MODELO: Deshabitado: Tras el huracán, el pueblo quedó deshabitado.

1. _____ : _____
2. _____ : _____
3. _____ : _____
4. _____ : _____
5. _____ : _____
6. _____ : _____
7. _____ : _____
8. _____ : _____

ACTIVIDAD 24

*El prefijo **en-** significa «encierro o inclusión» (**encolerizarse** significa encerrarse o* *meterse en la cólera o en la furia, ponerse furioso).*

*Piense en otros cinco verbos que contienen el prefijo **en-** y escriba con cada uno* *de ellos una oración que recuerde algo de lo leído en «El asesino y la víctima».*

1. _____ : _____
2. _____ : _____
3. _____ : _____
4. _____ : _____
5. _____ : _____

ACTIVIDAD 25

*El prefijo **in-** en muchos casos significa «la ausencia o negación de algo» (**inútil** es algo que no es útil).*

    *Ahora diga Ud. cuál es el antónimo (lo contrario) de estas palabras del cuento; haga lo mismo con cinco adjetivos más que lleven el prefijo **in-**.*

1. <u>inútil</u>   _____
2. <u>indiscreto(a)</u>   _____
3. _____   _____
4. _____   _____
5. _____   _____
6. _____   _____
7. _____   _____

ACTIVIDAD 26

*El prefijo **pre-** significa **antes** (un crimen **premeditado** es uno que se planeó de antemano).*

    Ahora busque tres palabras más con este prefijo en el cuento e invente una oración original con cada una de ellas.

1. <u>premeditado(a)</u> : _____
2. <u>precaución</u> : _____
3. _____ : _____
4. _____ : _____
5. _____ : _____

ACTIVIDAD 27

*El prefijo **re-** significa «insistencia, intensificación» (sacar a **relucir** algo indica que se vuelve a decir o a mostrar).*

    Ahora busque cinco palabras más con este prefijo en el relato e invente una oración original con cada una de ellas.

1. _____ : _____
2. _____ : _____
3. _____ : _____
4. _____ : _____
5. _____ : _____

     Gramática

ACTIVIDAD 28

*El sufijo **-ario(a)** se usa para indicar características u oficios (el narrador del cuento es una persona **solitaria**, o sea; que le gusta estar solo).*

*Utilizando el sufijo **-ario(a)**, diga cuál es la palabra en español para una persona...*

1. encargada de la biblioteca: _____

2. que tiene la propiedad o posesión de una casa, un coche o cualquier objeto: _____

3. que está internada en un presidio o una prisión por algún crimen: _____

4. que cumple un empleo o función para el gobierno: _____

5. que se encarga de los asuntos secretos del gobierno o de una compañía: _____

ACTIVIDAD 29

*Los sufijos **-dad** o **-tad** se ven a menudo en sustantivos abstractos que indican cualidad (la palabra **seguridad** indica algo que es seguro).*

*Busque tres palabras más con el sufijo **-dad** o **-tad** y diga cuál es el adjetivo del que derivan.*

1. seguridad _____ : seguro _____

2. intimidad _____ : intimo _____

3. _____ : _____

4. _____ : _____

5. _____ : _____

ACTIVIDAD 30

*El sufijo **-encia** significa cualidad o estado (la palabra **ausencia** indica que algo/ alguien está ausente). El sufijo **-ente(a)**, por su porte, indica que alguien tiene ese estado o cualidad, o quién desempeña ese oficio (un **asistente** se dedica a asistir a alguien).*

*Siguiendo el modelo, busque palabras que se usan con los sufijos **-encia** y **-ente(a)**.*

Modelo: ausencia, ausente

1. presencia _____   _____
2. _____   asistente(a) _____
3. _____   _____
4. _____   _____
5. _____   _____

ACTIVIDAD 31

*Los sufijos **-ero(a)** indica usualmente un oficio y el sufijo **-ería** significa el lugar donde se practica un oficio (el **portero** trabaja en la **portería**).*

Complete el cuadro indicando el nombre del (de la) empleado(a), el lugar donde trabaja y el sustantivo que da origen al empleo.

portero(a)	portería	puerta

ACTIVIDAD 32

El sufijo -oso(a) se ve usualmente en adjetivos que indican aspecto y cualidad (una persona dadivosa es generosa). Lea estas oraciones tomadas de «El asesino y la víctima», subraye la palabra que contiene el sufijo -oso(a) y escriba cuál es el sustantivo del que deriva o al que está relacionado. Si no conoce su significado, consúltelo en el diccionario.

1. Esa pistola que escondes bajo llave vergonzosamente en la mesa del despacho _____ .

2. De pronto [la araña] está allí, negra y peluda sobre la pared blanca, siempre silenciosa _____ .

3. Las patas replegadas, el cuerpo viscoso y negro _____ .

4. En la muñeca izquierda [lleva] un reloj japonés, ostentoso

   _____ .

5. Ancianos achacosos, viejas solitarias, sin servicio o con una criada vieja

   _____ .

ACTIVIDAD 33

El sufijo -udo(a) se usa generalmente con adjetivos para indicar abundancia de algo (algo peludo tiene mucho pelo).

Ahora, una el sufijo -udo(a) con los sustantivos de la lista y forme una oración original con cada uno de los adjetivos resultantes, poniéndolo en un contexto adecuado. Note que muchas de estas palabras se usen para describir animales, pero no todas. ¡OJO!, alguno de los adjetivos es irregular. El uso del diccionario le ayudará a evitar errores.

1. barba: _____
   _____

2. nariz: _____
   _____

3. nervio: _____
   _____

4. barriga: _____
   _____

5. fuerza: _____
   _____

6. bigote: _____
   _____

7. orejas: _____

_____

8. panza: _____

_____

9. conciencia: _____

_____

10. seso: _____

_____

Un paso más

La puntuación

Los signos de puntuación sirven para dar claridad a las ideas expresadas por escrito. Los más importantes son: el punto (.), la coma (,) , los dos puntos (:), el punto y coma (;), los puntos suspensivos (...), los paréntesis (), las comillas («»), la raya *[dash]* (—), el guión *[hyphen]* (-), los signos de interrogación (¿?) y los signos de admiración (¡!).

La puntuación en español y en inglés tienen mucho en común y generalmente siguen las mismas reglas. Las siguientes son algunas diferencias importantes.

1. Se usa el punto y no la coma como en inglés para separar números.

   Después del inventario hay 2.420 libros en el almacén.

2. Se usa la coma:

   a. en la enumeración de una serie de elementos, excepto en las dos últimas palabras si van unidas por una conjunción.

      Compré manzanas, naranjas, peras y uvas.

      El proyecto es claro, preciso e interesante.

   b. para indicar las fracciones decimales.

      3 1/2 equivale a 3,5.

3. La raya se usa para indicar el comienzo de un diálogo y se repite cada vez que cambia la persona que habla:

   —Buenos días, Raúl. ¿Hace cuánto tiempo que estás aquí?
   —Hace media hora.

   ATENCIÓN: Se usan las comillas en español como en inglés para indicar una cita.

      El mendigo me dijo: «Dios se lo pague».

4. Los signos de interrogación se colocan al principio y al final de una pregunta.

   ¿Te gustaría ir al cine conmigo?

5. Los signos de admiración se usan al principio y al final de una oración exclamativa.

   ¡Qué frío hace hoy!

ACTIVIDAD 34

Como Ud. ha podido comprobar, en el cuento «El asesino y la víctima» se usan oraciones muy largas, con pocos signos de puntuación. Esta es una técnica desarrollada por la literatura del siglo XX para expresar el flujo de la conciencia de los personajes, la continuidad ininterrumpida de su pensamiento. Sin embargo, en los textos más convencionales se usan los signos de puntuación para facilitar al lector la comprensión.

A continuación se presenta un fragmento de «El asesino y la víctima». Añádale Ud., cuando lo crea necesario, los siguiente signos de puntuación: el punto (.), los signos de interrogación (¿?) y los dos puntos (:). Recuerde que después del punto la primera palabra de la nueva oración comienza con mayúscula.

La pistola era de mi padre, un héroe de la guerra, la gente normal no tiene armas en casa, sobre todo no las lleva encima, en el cajón es inútil, no sirve para nada, y está además lo de tía Gertrudis, quién no tiene un loco en la familia, pero las circunstancias van sumando cargos, salen a relucir cosas absurdas, que vives solo, que tienes una pistola y el otro no va armado.

ACTIVIDAD 35

En este otro fragmento el protagonista inserta en su propia voz las palabras del portero. Trate de identificar y delimitar las oraciones que el portero dice literalmente. Para expresarlo con mayor claridad ponga donde sea necesario estos signos de puntuación: el punto (.), los dos puntos (:), la raya (—) o las comillas (« ») y los puntos suspensivos (...).

El portero me ha preguntado si mi chimenea tira bien, los del quinto siguen quejándose de que hace humo, y hay que buscar a alguien que la limpie de nuevo, se limpió el año pasado, me dice, él conocía al tipo que lo hizo, un buen hombre un poco raro, vivía con su madre, al portero le gusta husmear en las vidas ajenas, desde que ella murió, dice, andaba descentrado, ni siquiera volvió a cobrar y se dejó en la terraza un gancho y el saco de arena, una chapuza, un año y vuelta a limpiar, pero era un buen hombre, el portero habla de él en pasado, igual trabajaba en domingos que en festivo, o se quedaba hasta las doce de la noche o se marchaba sin acabarlo, muy desordenado, desde que murió la madre andaba desnortado, no se podía contar con él para un trabajo fijo, iban a buscarlo y no estaba, como ahora, más de un año que no se sabía de él, un desastre, el portero está fastidiado porque tiene que buscar a alguien que limpie la chimenea, ha ido varias veces a casa del ladrón, pero ya no vive allí, quizá se haya ido al pueblo, dice, como no tenía mujer ni hijos que mantener se iba cuando quería, un tipo raro, no se puede contar con él, cuando más falta hace te falla...

Las letras mayúsculas y minúsculas

A. LAS MAYÚSCULAS

1. Como en inglés, se escriben con mayúscula los nombres propios de personas, animales, cosas y lugares.

> Gloria Iturralde llegó de Costa Rica trayendo a su gata Michica.
> El lago Titicaca está en los Andes.

2. En títulos de obras literarias, artículos y películas, únicamente la primera palabra lleva la letra mayúscula.

> Gabriel García Márquez escribió *Los funerales de la mamá grande*.
> Cantinflas actuó en la película *La vuelta alrededor del mundo en ochenta días*.

B. LAS MINÚSCULAS

Al contrario del inglés, se escriben con minúscula los días de la semana, los meses del año, los adjetivos de nacionalidad y los nombres de los idiomas.

> Enviamos su pedido el día lunes, 5 de abril.
> Para ser española habla muy bien el inglés.

ACTIVIDAD 36

Ponga las letras en mayúscula donde sea necesario.

el último de los cuentos de *horizontes* se titula «el asesino y la víctima» y ha sido escrito por marina mayoral, una autora española natural de galicia. este cuento forma parte de un libro titulado *morir en sus brazos y otros cuentos*, que se editó por primera vez en noviembre de 1989 en alicante, españa. también leímos cuentos de otros autores, como josé emilio pacheco y silvia molina, ambos mexicanos, y horacio quiroga, nacido en uruguay pero residente en argentina por largas temporadas. Otros grandes autores de cuentos en español son jorge luis borges, argentino, y gabriel garcía márquez, de colombia, quien escribió «la siesta del martes». la lista de excelentes cuentistas hispanoamericanos y españoles podría ser interminable.

COMPOSICIÓN

La posesión de armas de fuego

En un papel aparte, dé su opinión personal sobre este tema tan actual y polémico. Precisamente por su carácter polémico y por sus consecuencias en nuestra sociedad, Ud. debe exponer claramente sus argumentos y demostrarlos con casos reales, como el caso Brady y otros. Para ello se requiere que investigue previamente en diarios, revistas y libros. Además, es conveniente que se refiera a la legislación doméstica y a la de otros países. Nunca pierda de vista que la finalidad última es el bienestar y la seguridad de todos los ciudadanos.

Puede estructurar su composición de la siguiente manera:

1. Introducción general
2. Adelanto del punto de vista personal
3. Situación actual en los Estados Unidos
4. Tratamiento del asunto en otros países y resultados obtenidos
5. Exposición de uno o varios casos reales que ejemplifiquen la opinión personal
6. Conclusión final

Use todos los recursos que ha adquirido durante este curso. Le resultarán especialmente útiles las palabras de transición que Ud. aprendió en la Sección 3 y las oraciones condicionales para formular hipótesis. Revise bien la ortografía, los acentos y los signos de puntuación antes de entregar la composición. Recuerde que el éxito de su trabajo depende de la claridad y la precisión con que Ud. expone sus puntos de vista.